# デザイン経営への7ステップ

プロダクトデザイナー
デザイン事務所 コボ
ゼネラルマネージャー
大口 二郎

～ある経営者の言葉～

「自社製品のデザインをどうしたいか？」というのは、

「自社をどうしたいか？」と同じこと。

# まえがき

## デザインはユーザーとの「最強の接点」

数年前から**「デザイン経営」**という言葉が、企業経営者の間で話題となっています。商品の付加価値を上げ、ブランド力を付けるにはデザインが重要ということですが、何もデザイン経営は見た目だけの問題ではありません。見た目だけを変えるのであれば割と簡単にできます。

### デザイン経営の本質は「ユーザー第一主義」

デザインは企業とユーザーとの**「最強の接点」**です。

ユーザーはデザインを見て、その企業がどんな考えで、どんな姿勢で商品開発に取り組んでいるのかを厳しく判断しているのです。デザインはその企業の取り組みをユーザーに伝える最大・最強のツールです。

デザインは商品だけに限りません。パッケージも店舗もウェブサイトもカタログも、全てにデザインが必要です。

例えばアップルを見てみれば、製品のデザインはもちろん、画面のユーザーインターフェース、パッケージ、店舗に至るまで非常に丁寧にデザインされているのが分かります。アップルがそこまでデザインに力を入れるのは

## 「ユーザーのために最高の製品を提供する」

という姿勢が明確だからです。ユーザーのための製品デザインであり、インターフェースデザインであり、パッケージデザイン、店舗デザインです。それがユーザーから高い評価を得て、高付加価値の製品、高いブランド力になっています。

もちろん外見だけアップルを真似ても成功できないのは明らかです。顧客第一の姿勢を貫いてきた同社の歴史を、ユーザーはよく知っています。それがアップルの本当の価値なのです。

成功している多くの企業を見れば、自社製品のユーザーとの接点であるデザインに力を入れている企業ばかりなのが分かります。大企業よりも、私はむしろ**中小・中堅企業・ベンチャー企業こそ「デザイン経営」に力を入れた方が良い**と考えます。今始めれば、デザインに関心のないライバル企業と差別化が図れるからです。

この本でも「デザイン経営」を取り入れている企業を多数取材し掲載させていただきました。どの企業にも共通するのはデザインへの真剣な取り組み、そしてその基本にある「ユーザー第一主義」の考え方です。

本書は、デザインに関心のある企業の経営者・管理職の皆さんに向けて書かれています。どのような順番で、どう具体的に「デザイン経営」に取り組めば良いか7ステップに分けて解説しています。

デザイン開発は「ただ商品の見た目を良くする」ことではなく、デザインへの理解から始まって、社内体制や開発体制を順に整えていくことです。それが「ユーザー第一主義」そして「デザイン経営」への近道になります。

この本が、これから「デザイン経営」に取り組む企業の一助になれば幸いです。

2023年5月

プロダクトデザイナー　大口　二郎

# 目次

## ＳＴＥＰⅣ 商品コンセプトを作る 114

※備考：本文の【早読み】の**太字部分**を読んでいただければ、ざっと内容を理解していただけます。急いで読みたい時などに活用下さい。

# I

# デザインを理解する

経営者・管理職もデザインへの理解を深めよう

デザインは色や形のこと、と理解する経営者が多くいます。機能や性能は良いのに外観が良くないから自社の商品は売れないのだ、と考える人が多いのです。

しかし、**本来のデザインの意味は、ユーザーが何を考え、何に不満を持ち、どういった商品を欲しがっているか、を「形」として見せるまでの過程全てを意味しています。**決して色や形の外観だけではありません。

まずは経営者や管理職の皆さんに「デザインとは何か」を理解してもらうことが重要だと思っています。この書籍では、実際の企業の取り組み事例に合わせて、デザインの意味を解説していきたいと思います。

# ❶デザイン経営とは?

**早読み▼一般製品でも産業機器でも、デザインはあって当たり前。デザイン+アルファで企業価値を上げていく時代になっています。**

「デザイン経営」といっても、デザインを学んだこともないしどうすれば良いのか？と疑問に思う経営者や管理職の方もいるかもしれません。

一方であらゆる商品を見れば分かるように、デザインが施されていない商品はありません。車や家電製品はもちろんですが、デザインとは縁遠かった産業機器などにも続々とデザインが導入されています。

工事現場でクレーンやパワーショベルなどの建設機械を見る機会もあると思います。昔は「使えればそれでいい」として、デザインなどは考えられていませんでした。今では、外観のデザインはもちろんのこと、冷暖房完備の快適なインテリアデザインが施され、使うユーザーの立場に立ってデザイン・設計がされています。

その他、業務用機器や公共工事の看板、信号機、教育機器、医療機器に至るまで、デザインが施されていないものを見つける方が難しくなっています。

## デザインは、もはやあって当たり前

ＱＣは品質管理のことですが、ユーザーに提供する商品の品質を向上するための企業活動として、実施していない企業は無いかと思います。

ＱＣと同じく、デザインも既に行うのが「当たり前」になっています。デザインの品質を向上するのは企業として当然になっており、分からないからデザインを敬遠するのは、分からないからＱＣを行わないのと同じで非常に危険です。

## デザインを重視するのは、ユーザーが成熟したから

様々な業種でデザイン導入が当たり前になってきた背景には**「消費者の成熟化」**があります。例えば、昭和の時代はモノ不足だったためモノ自体があればそれで満足でした。車が家にあれば自慢になった時代です。時代は変わり、現在はモノがあるのは当たり前で、より消費者のニーズにマッチした商品しか選ばれなくなりました。

また、環境問題もあり、無駄な消費、無駄な商品は賢い消費者に嫌われる時代になっています。

「成熟した消費者」は、企業がどう考え、どう行動し、それをデザインにどう反映しているのかをよく見ています。今後、消費者に選ばれて残っていく企業は、デザインという消費者との「接点」を大事にしながら、消費者のニーズに応えていける企業だと思います。

この書籍の事例紹介でも、消費者のニーズに応えながら素敵なデザインを展開している企業を多く紹介しています。

それらの企業にとっては商品のデザインをするのは当たり前であり、プラスしてどのような価値をユーザーであるお客様に提供できるかが大事になっています。紹介企業の経営者の皆さんの考え方を、ぜひ参考にしていただきたいと思います。

## ❷デザイン経営の目的

**早読み▼デザイン経営の目的は、デザインにより付加価値を上げることで、企業の利益を向上させることです。**

デザイン経営の目的は？と聞かれれば、迷わず「デザインで利益を向上させること」と答えます。企業の目的は利益を上げることです。当然ながらデザインの目的も付加価値を向上させて利益を上げること、になります。

## デザイナーはアーティストではありません

デザイナーの中にはアーティストのような人も多くいて、自分の「作品」を作ることに執着してしまう人もいます。

しかし、デザインとは本来企業活動の一環です。デザイナーだけが利益度外視で特別な存在であるはずはなく、デザイナーもまた一人のビジネスマンです。企業の目的は企業活動を通じて継続的に利益を上げることにありますから、デザイン活動を通じて「利益が上がらない」のであれば、デザインの存在価値はありません。

デザインの価値を分かりやすく表にしてみました。表を見て分かるように、一番良いのは「デザインもよく、利益も出る」ことです。その次は「デザインが悪くても、利益が出る」ことです。

一方で下段の2つはどちらも価値がありません。いくら

| | デザインが良い | デザインが悪い |
|---|---|---|
| 利益が出る | ◎ | ○ |
| 利益が出ない | × | × |

【デザインの価値】

デザインが良くても利益が出ないのなら企業活動としては価値がありません。アーティストのようなデザイナーの「作品」は、えてして「デザインは良いが売れない、または利益が出ない」ことになりがちです。

デザイン経営の目的は、企業活動に関わるあらゆるデザインを良くすることで商品の付加価値を上げ、企業の利益に貢献することにあります。それは商品デザインだけではなく、ウェブデザインや販促デザインなど全てに当てはまります。

商品のデザインだけで商品が売れるわけではありません。カタログのデザインも大事ですし、ウェブデザインも大事です。店舗や工場、従業員の制服のデザインも大事です。**全てのデザインを企業の付加価値向上に繋げることが「デザイン経営」**です。

# ❸デザインは全てに関わる

**早読み▼デザインするのは商品だけではありません。カタログやウェブサイト、店舗、工場、制服、展示会など、全てにデザインが必要です。**

企業の商品を買ってくれる消費者は商品だけを見て買うわけではありません。ウェブサイトやカタログ、店舗、店舗の接客態度、店員の服装、あるいは工場見学に来れば工場がきれいかどうかまで見ています。

## デザインは、できる所から始めよう

企業活動でユーザーの目に触れるものは全部「デザイン」しましょう。もちろん、最初から全てのデザインを完璧に行うのはコストも掛かります。費用を抑えながらできる所からで良いのです。

例えば、本社の掃除が良く行き届いている、接客態度がきちんとしている。これだけでも来客者は「きちんとした会社だからきちんとした製品を作っているのだろう」と思ってくれます。これもまたデザインです。

例えば、トヨタのブランド・レクサス店に行けば、車という商品がデザインされているのはもちろんですが、店舗や接客、服装もきちんと「デザイン」されているのが分かります。デザインされているからこそ、お客様は高いお金を出してレクサスを購入してくれます。

【デザインは企業活動全てに関わる】

あらゆるもののデザインにはコストと時間が掛かりますから、全部一緒に行うことはできません。

できる所から始めましょう。「目に見えるものは全てデザインする」という意識を持っているだけで、3年、5年と経った時にその企業のあらゆるデザインがずいぶん良くなるはずです。

# ❹ 経営者の役割とは？

**早読み▼ 経営者の役割は、デザインの役割を理解し、リーダーシップをもってデザイン経営を進めていくことです。**

「デザイン経営」を進めていくに当たっては、企業経営のあらゆる場面でデザインが必要になってきます。つまり、経営者がリーダーシップをとって全社的にデザインへの意識を高めていかないと「デザイン経営」はできないことになります。

例えば商品のデザインはすごく良くできているのに、会社の受付や工場は乱雑なままでは、その会社ではデザインが行われているとは言えません。実際、商品に惹かれて会社見学にやってきたお客様が、汚れた感じの受付を見ればがっかりしてしまうでしょう。全社的にデザインを行うには、やはり経営者が率先してデザインへの意識を高める必要があります。

## 経営者が取り組むべき3つのこと

現在消費者に支持されている商品やサービスを見れば、「デザイン」の重要性が分かります。アップルのｉＰｈｏｎｅは隅々までデザインされています。アップルストアはセンスのある空間に、きれいに商品が並べられています。任天堂のゲームはキャラクターデザインやゲームデザインが細かく作りこまれています。無印良品のお店に行けば、全ての商品は無印良品らしくデザインが統一されています。

大企業だから当たり前では？ と思うかもしれませんが、これからはむしろ中小・中堅企業やベンチャー企業の方がデザイン導入は急務だと思います。デザイン導入を行う企業と行わない企業では差がつき、行わない企業は確実に淘汰されていくと思います。

そのためには、企業の経営者が先頭に立って自社にデザインを導入し、デザイン経営に舵を切る覚悟が必要です。私は経営者がデザインに関わる上で大事なことは3つあると思います。

### ①社員にデザインへの意識を高めてもらう

デザインを積極的に導入している企業では、経営者が積極的にデザインの大事さを社員に説いています。

　ある企業では、社員のデザイン意識向上のため、デザインの専門家を招いて定期的にデザイン研修会を行っています。そこではワークショップ形式で社員がデザイン開発を行い、実際の商品化にも繋げています。また定期的にデザインセミナーを開催し、業種の異なる外部企業から講師を招いてデザインセミナーを開催しています。こうした継続的な活動は、社員のデザイン意識を高める上で非常に大事です。

## ② デザイン開発に時間と予算を取る

デザインへの投資は将来の企業の成長につながるものです。デザイン人材の育成や新商品のコンセプト作り、それに伴うデザイン開発や試作品の製作には時間とコストが掛かります。

また、現場は現在進行中の仕事で手いっぱいであり、そのような開発に時間と予算を割くという判断はなかなかできません。それができるのは経営者だけです。経営者の判断で、未来への先行投資として、デザインへの投資を行っていただきたいと思います。具体的には以下の内容です。

・**人材育成**…社内にデザイン人材を育成しましょう。デザイン学校の出身者である必要はありません。デザイン研修を通じて、デザインのできる社員を育てましょう。

・**少し先の新商品開発**…数年以内に実現したい「少し先」の新商品開発を行いましょう。現場は今の仕事で手いっぱいかもしれませんが、新商品開発は企業の将来の「飯のタネ」です。

・**試作品作り**…少し先の新商品開発に際しては、きちんとデザインを行った上で、試作品を作りましょう。展示会などに出品することでユーザーの意見を聞くことができます。

こうした投資にはお金が掛かりますが、すぐに芽は出なくても、5年、10年と経った時に「あの時投資してよかった」と思える時が必ずやってきます。

## ③デザイン開発は現場に任せる

経営者はデザインへの意識を高く持ちながらも、細かい部分は社員に任せることが大事です。経営陣が現場の商品開発やデザインの細かい部分に口を出し始めると、一気に開発スピードが落ちてしまいます。

丸投げでいいということではなく、大きな方向性だけは確認しながら、現場に任せる勇気が必要です。そうすることで現場の人たちは「任されている」という責任感を持ち、確実にモチベーションが上がります。

## ❺ 他社に学ぼう

早読み▼デザイン経営を実践する最良の手段は、デザイン経営に成功している企業に学ぶことです。

自社にデザイン経営を導入したい、と思っても具体的にどうすればいいのか分からない経営者や管理職の方も多いと思います。デザインを導入すれば本当に付加価値が向上して利益が上がるのか？　という疑問はついてまわります。また、経営者がいくら「デザイン経営を導入する」と旗を振っても、周囲の社員がついてこなければ意味はありません。

### 他社に学ぶのが近道

そこでお勧めしたいのが既にデザインを経営に導入している他の企業の話を聞くことです。他社がどのようなきっかけでデザインを導入し、どのような点で苦労し、どのような成果を上げているのか、を聞くことは、経営者のみならず、社員にデザインを理解してもらうのに一番良い方法です。

ただし、同業である場合はなかなか話を聞くのが難しいと思います。競合関係にあれば自社の機密の話をしてくれるはずがありません。

そこでお勧めしたいのが、**「競合しない範囲で近い業界の企業」**から話を聞くことです。

例えば雑貨開発をしている企業であれば、インテリア業界でデザイン導入をしている企業から話を聞くのです。会社としては競合しない上に、同じインテリア関連ですので、社員の理解しやすい話をしてくれるはずです。雑貨開発をしている企業が例えば自動車業界の話を聞いてもなかなか共感を得るのは難しいと思います。

近い業界であれば商品開発の手法やステップも似通っています。デザイン導入はどのタイミングで、どのように行えばいいのか、気を付ける点はどこかなど、具体的な話をしてもらえるはずで、デザイン導入の意味やメリットがよく分かると思います。

## 公的機関を活用しよう

では、そのようなデザイン導入の企業をどこで紹介してもらうか、という点ですが、一つは自治体のデザイン機関であれば紹介してくれます。県のデザインセンターなどです。

そういった機関では定期的にデザイン導入のセミナーなどが行われています。その講師としてデザイン経営を実際に行っている企業を知っていることが多いからです。「自社でもデザイン経営について勉強したい」と問い合わせれば、多くは積極的に協力してもらえるはずです。

もう一つはある程度大きなデザイン事務所も頼りになります。複数の企業のデザイン支援を行っているデザイン事務所であれば、大企業から中小企業まで多くのデザイン経営の事例を知っていますので、多少の費用は掛かりますが、相談してみて下さい。

デザイン経営の意味やメリットを知るには、自社の業態に近い先行企業から学ぶのが、一番早い方法でお勧めです。

## ❻デザインとスタイリングの違い

早読み▼「デザイン」はプランニングに近い言葉。色や形の意味で使う場合は「スタイリング」と言います。

ここで改めて「デザイン」という言葉の意味について考えてみたいと思います。一般的にデザインと言うと、ファッションデザインとかグラフィックデザインなどのように「装飾」の意味としてとらえる人が多いと思います。

### デザインはプランニングの意味に近い

一方でデザインという言葉はもっと広い意味で使われる場合があります。ライフデザインは人生プランの意味であり、グランドデザインは全体プランの意味です。デザインは元々「プランニング」の意味に近い言葉なのです。

我々のような工業デザイナーが「商品デザイン」という場合は、商品プランニングという意味も含めて使っています。

一方で、**単純に装飾や色・形の意味で使う場合は「スタイリング」**と呼びます。車のスタイリングと言えば、車の色・形のことになります。「デザイン」という言葉は本来「商品プランニング」に近い言葉です。スタイリングはデザインの一部に過ぎません。

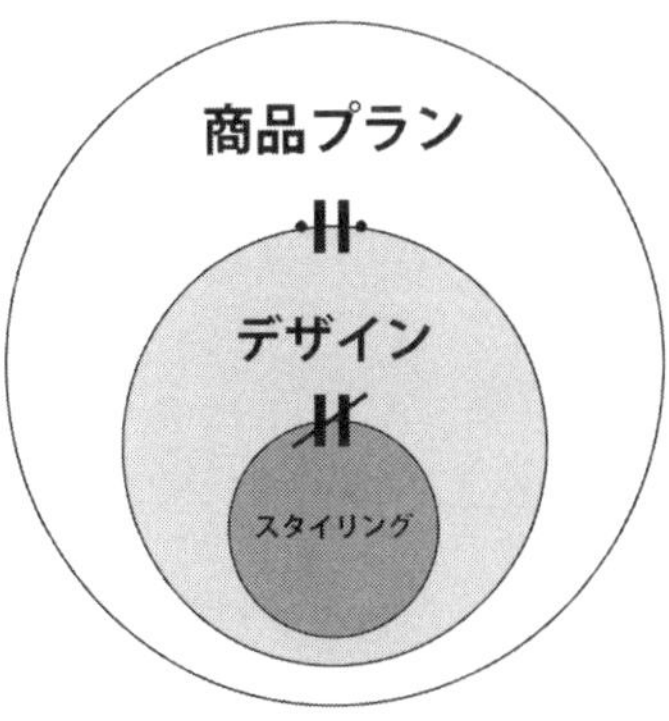


【デザインとスタイリングは異なる】

例えば、売れない商品の色や形＝スタイリングだけを変えても、その多くは売れ行きが良くなることはありません。商品が売れないのであれば、商品デザイン＝商品プランから見直す必要があります。デザインとスタイリングを分けて考えることは非常に大事です。

## ❼ プロダクトアウトとマーケットイン

早読み▼プロダクトアウトはメーカー主導の開発手法、マーケットインは市場主導の開発手法。どちらも一長一短があり、両方を行き来して開発を進めた方が良いです。

「プロダクトアウト」と「マーケットイン」という言葉を聞いたことがあるでしょうか。プロダクトアウトは企業が作れるもの・作りたいものを作って提案する商品開発のスタイル。対してマーケットインは、市場ニーズを調査して、消費者の欲しいものを作るスタイルを指しています。

中堅企業までに多く見られるのは「プロダクトアウト」のスタイルです。大規模な市場調査はせずに、技術力も資金力も限られている。だから今ある技術を使って提案するしかない、と考える企業が多くあります。しかし果たしてそれで良いのでしょうか?

### 最初はプロダクトアウトで良いが…

実際の所、「プロダクトアウト」であれ「マーケットイン」であれ、ヒット商品が生まれる確率はそう変わらない、と私は思っています。いくら市場を調査しても、本当に消費者の求めるものは、そう簡単には見つかりません。あるいは、消費者の欲しいものは既に市場に出ています。

だからと言って市場調査をしなくていいかと言うと、そうではありません。まずは自社で考えたアイデアや初期の試作品を、ぜひ**ターゲットとなるユーザーに見てもらって、評価をもらいながら開発を進めて下さい。**

例えばキャンプ用品の開発をしたいのであれば、社内にいるキャンプ好きの人に率直な意見を聞いて下さい。キャンプ好きならではの意見や思わぬアイデアがもらえるかもしれません。厳しい意見も出るかもしれませんが、それこそが「市場の声」です。

商品開発の初めは「プロダクトアウト」で良いと思います。しかし必ず途中で「マーケットイン」＝市場調査を取り入れましょう。

そうすることで、独自性がありながらも市場の声を反映した良い商品が生まれやすくなると思います。図のように「プロダクトアウト」と「マーケットイン」を行ったり来たりすることが重要です。

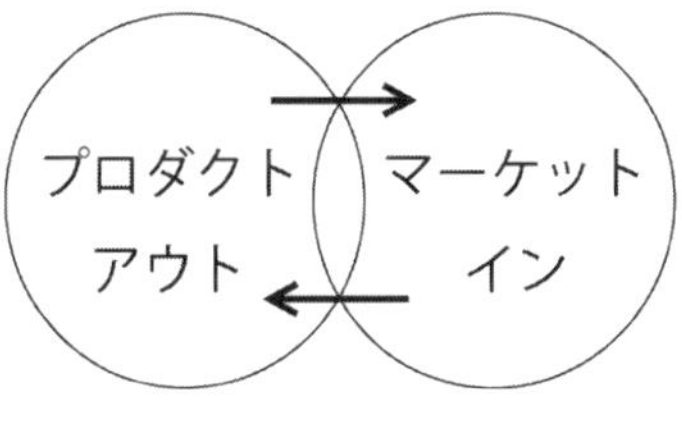

## ❽ユーザーは何を基準に商品を選ぶのか？

**早読み▼ユーザーは単に便利だから、安いから商品を選んではいません。高価な商品になるほど、メーカーの商品に対する「想い」が購買理由になります。**

世の中には無数の「商品」があり、私たちは一人のユーザーとして商品を購入し消費し続けています。あらゆる業界のあらゆる企業で、日々「商品企画」や「商品デザイン」をする人がいて、次々と新しい商品が生まれ、一部の商品は人気が無くなり消えていきます。

この本を読んでいただいている読者の多くも、モノやサービスの商品開発に携わっている方が多いのではないかと思います。商品開発者として、商品の盛衰を実感する方が多いのではないでしょうか。

### ユーザーは商品への「想い」を買っている

ここでユーザーは何を基準に商品を選んでいるのか？を考えてみたいと思います。

モノには、車や家電製品のようなＢｔｏＣ商品もあれば、産業機械のようなＢｔｏＢ商品もあります。ＢｔｏＣ商品のユーザーは一般消費者であり、ＢｔｏＢ商品は企業ですが、決定権を持っているのはどちらもユーザーであることに変わりはありません。多くのユーザーに選ばれた商品が「ヒット商品」となります。企業としてはできるだけ多くのユーザーに自社の商品を選んでもらえるヒット商品を作りたいはずです。

さて、多くのユーザーに選んでもらえる商品の選択基準は、価格でしょうか、デザインでしょうか。それともブランド、サービス、機能性、または口コミの良さでしょうか。

私がこれまで多くの商品開発に関わってきて思うのは、作る側の企業のユーザーへの**「想い」**にあふれた商品が結局選ばれるのではないか、ということです。これはＢｔｏＣ商品でもＢｔｏＢ商品でも変わりません。「想い」とは何かと言うと、作り手側が真剣にユーザーの立場に立って考え商品を作ることです。

**「この商品は、こんな人がこんな風に使ってくれたらうれしい」**
**「そのためには機能はこういったものが必要で、余分な機能はいらないだろう」**
**「価格は、これであれば納得してもらえるだろう」**

## 「この部分は危険だから、多少コストが掛かっても安全に作ろう」

そのようなユーザーに対する「想い」を込めた商品こそが、ユーザーに支持され、そして長く売れる商品になると実感しています。もちろん価格や見た目のデザインは差別化の一因にはなりますが、あまり競合商品と差がない限り、購入の決め手にはならないと感じています。

通常の企業の商品開発の現場では、「他社と差別化しなくては」「他社より高機能にしなくては」「他社より安くしなくては」と競争相手ばかりに目が行きがちで、ユーザーが置いてけぼりになることがよくあります。しかし本来商品開発はユーザーあってのものです。ユーザーへの「想い」こそがヒット商品開発の第一条件だと思います。

## 商品は、親しい人への「贈り物」と考える

私が商品開発の際にメーカーの人に勧めるのは、商品を「親しい人への贈り物」と考えましょう、ということです。読者の皆さんが、誰か親しい人に贈り物をするとします。「どんなものが喜ぶだろうか」「どんな色がいいだろうか」「ちょっと高くても良いものを贈ろう」「喜んで使ってくれるだろうか」など色々考えると思います。

もちろんデザインの悪いものや、品質の悪いものは贈るはずがありません。ましてやけがをするような危険な商品は贈らないと思います。商品開発もこれと同じです。ユーザーのことを考えて、その人たちが一番喜ぶ商品やサービスを作ればいいと思うのです。結局はその「想い」がユーザーに届き、購入して喜んでもらい、共感を得ることでヒット商品やロングセラーが生まれるのだと感じます。

ここで、このようなユーザーへの「想い」を見事に商品化し、ロングセラーとなっている商品を紹介したいと思います。無印良品の壁掛け式CDプレーヤーです。

この商品は換気扇のように壁に取り付けて紐を引くとCDが再生され音楽が流れる、というシンプルな商品です。デザインに特に奇をてらうわけでもなく、難しい機構が入っているわけでもない商品が、これほど長く売れているわけは、手軽に空気のように音楽を聴いていたい、というユーザーの共感を得ているからです。

無印良品にはそのほかにも「ああこれで良いんだ」と思わせるシンプルな商品、長く売れているアイテムがたくさ

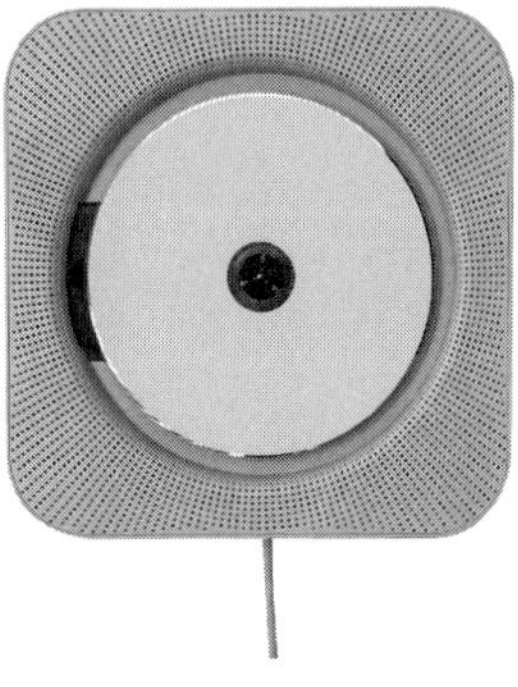

【無印良品のCDプレーヤー】

んあります。ユーザーの共感を得て、企業や商品は初めて永続できることを証明していると思います。

事例紹介

株式会社 **能作**

# トータルデザインで挑む、伝統産業の復活

■企業紹介

富山県高岡市にある、1916年創業の鋳物メーカー。テーブルウェアや花器、風鈴などを製造。ここ10年で売上高が10倍、社員数が15倍、工場見学者が年間12万人と驚異の大躍進を遂げている。

■お話を伺った方の紹介

代表取締役社長　能作　克治　様

現在の日本には、「伝統的工芸品」と呼ばれる品目が全国に237あります。石川県の輪島塗や佐賀県の有田焼、京都の西陣織などが有名ですが、その一つに富山県の高岡銅器があります。梵鐘など大きなものから銅像や仏具まで、全国の銅器生産額の実に95％がこの高岡で作られています。

一方で、全国の多くの伝統産業が衰退しているのと同じく、高岡銅器も生産額は全盛期の半分以下に落ち込み、職人の高齢化、ライフスタイルの変化による銅器の需要減などに苦しんでいます。

この高岡銅器の産地にあって、ここ10年で売上高が10倍に伸びた企業があります。今回取材させていただいた株式会社能作です。同社はどのようにして高岡銅器を復活させたのか。代表取締役社長の能作克治氏にお話を伺ってきました。

## デザイナーのアドバイスが突破口に

まず、同社の代表的なヒット商品である錫１００％の商品をご紹介したいと思います。

一つ目は「ぐい呑」。錫は抗菌作用があり、かつお酒がまろやかになる、と言われています。実際に使用した人の評判も上々です。

写真の「ふたえ」は、重ねて収納できるセットのぐい呑です。シンプルな中にも品があり、錫の触感や重さがいい感じです。二人でお酒を楽しんだり、一つのカップをおつまみ入れにしたりと色々な使い方ができます。

もう一つは「KAGO」。錫100%の柔らかさを活かして、自由に形が変えられるようになっています。敷物状のものが、変形させるとパンや果物を入れるカゴに変身するという非常にユニークな商品です。

どちらも、錫の特性を活かしながら、機能性もあり、かつセンスを感じる商品です。こういった商品のアイデアはどこから生まれるのでしょうか。

実は、最初に錫100%の製品を作ろ

【ぐい呑】

うとした所、非常に苦労しました。しっかりとした形を作ろうとして肉厚を厚くすると、コストがかかり、かつ重すぎるなどの問題がありました。そこでヒントになったのが小泉誠さんというデザイナーのアドバイスでした。

### 「曲がるなら、曲げて使えば良いのでは？」

固定観念にとらわれてしまうと、「食器は硬いもの」「曲がらないもの」と考えてしまいますが、ユーザーにしてみれば使いやすくて楽しい商品であればそれで良いわけです。

消費者に近い位置にいるデザイナーは、発想も自由で、消費者目線であり、第三者の立場で素材や技術を見ることができます。

同社の場合は、デザイナーのアドバイスが突破口となりました。どのような業種の企業であれ、

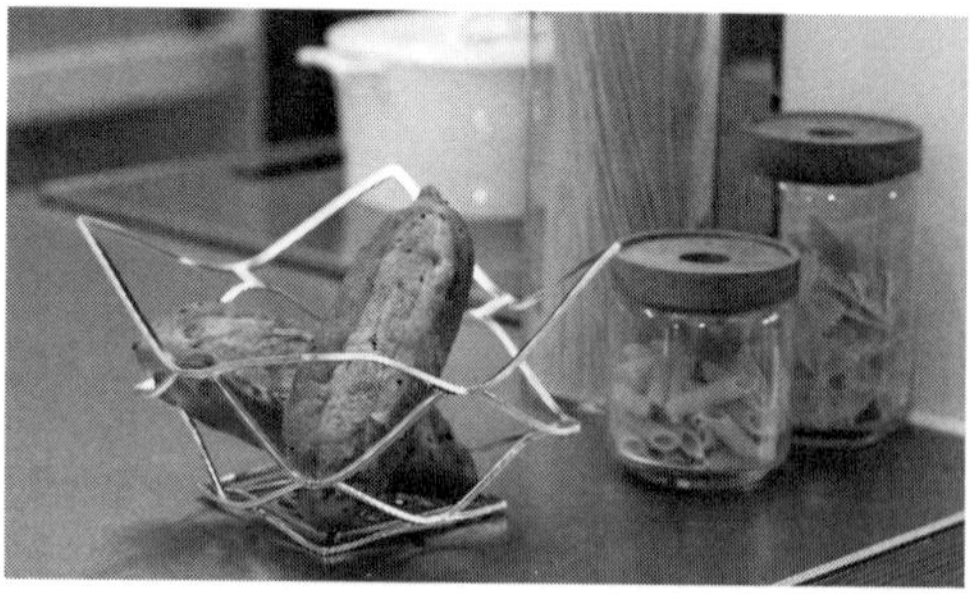

【KAGO】

商品開発の初期に経験豊かなデザイナーに参加してもらうのは非常に有効な手段だと思います。

## 伝統とは「攻める」もの

伝統産業という歴史ある業界では、製造方法や商品の用途は長い間に固定化されていて、なかなかそこから抜け出すことは難しいと思います。また、新しいことに挑戦しようとすると、周りの職人や従来の取引先からの冷たい視線も感じるかもしれません。

しかし、伝統を守るだけでは世の中の変化に対応できず、そのために多くの伝統産業が衰退してしまったのも事実です。

社長の能作克治氏によれば、次々と新しい商品や新しい取り組みに挑戦できたのは、同氏が新聞社という違う業界の出身であり、かつ地元出身ではないからとのことでした。同氏は自分のことを「旅の人」（※注1）であるといいます。

※注1：「旅の人」とは富山県の方言で、「県外出身で富山県に在住している人」を指す。

「よそ者・若者・ばか者」という言葉があります。企業や社会を変えるのはこの3タイプの人間だ、という意味ですが、能作克治氏が「よそ者」であり「旅の人」であったからこそ新しい挑戦ができたということです。

## 商品開発の手法について

商品開発の方法について聞いてみました。

同社では、現在全国に13店舗の直営店を持っています。そこでの販売員の皆さんの意見が商品開発の起点になるそうです。お店のお客様から同じ意見が「5回」出たら商品化をスタートさせるそうです。

例えば、同社の商品に真鍮製の「風鈴」があります。涼しげな音は夏の風物詩ですが、都会では住宅同士が近いこともあって騒音問題となることがあるそうです。そのため、お客様から「家の中で使える風鈴が無いか?」という

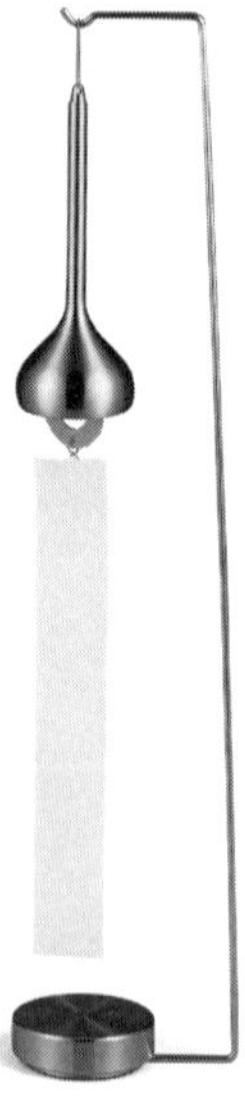

【風鈴スタンド】

問合せが多かったそうです。

そこで「家の中でも使える風鈴」として、風鈴に足をつけて自立できるようにしたのが「風鈴スタンド」です。ユーザーの意見を反映させた良いアイデアだと思います。

## 商品化の最終判断は社長が行う

商品化に際しての最終判断は、誰がどのように行っているのかについて聞きました。最終的には、能作社長自身が全ての商品化の決定権を持っているとのことでした。やはり会社のカラーがあるので、一人の人間が判断した方が商品のカラーが揃うとのことです。自社のカラーと合わない商品、ポリシーにそぐわない商品は作らない、ということです。

企業によっては、決定権がどこにあるのか分からないケースが時々あります。最初に課長の判断でスタートしたものが、途中で部長が方針変更し、最終的に社長が全く違う意見を言い出す、ということが見られます。これでは会社のカラーどころではなくなってしまいますし、商品開発の進捗も遅れてしまいます。

能作の場合は、社長のカラーがそのまま企画になり商品になる体制がはっきりしています。能

作社長によれば、お客様からは

**「能作の商品はおしゃれだね！」**

と言われたいそうです。

そうなると、商品が「おしゃれ」なのはもちろんですが、社長自身がおしゃれで、（少し無理がありますが）社屋が、従業員が、カタログなど全てがそうでないといけなくなります。これはとても大変なことです。しかし、それを続けることで能作カラーがはっきりとし、能作ブランドが確立されていくのだと思います。

また次代への継承もしっかりと考えておられ、専務取締役で長女の能作千春氏が同社のカラーを引き継いで行くことが決まっています。

## トータルデザインで挑む

デザインと言うと「商品のデザイン」に目が行きがちですが、ユーザーは商品だけを見ているわけではありません。

能作では産業観光に力を入れていて、工場には年間12万人の来場者があります。私も実際に工場を見せていただきましたが、非常にきれいで、見やすく、楽しいレイアウトになっています。職人のすぐそばまで行って作業を見せてもらえるのも驚きでした。きれいな工場や、「おしゃれ」な職人さんを見せるのもまた「デザイン」です。きれいな工場で作られたものは、多少高くてもしっかりした商品なのだろう、とユーザーは思ってくれます。

メディアに出る経営者の立ち居振る舞いもデザインであり、カタログやウェブサイト、店舗も全てデザインです。ユーザーは全てを見て「能作なら信用できる」「安心できる」としてファンになってくれます。

能作社長によれば「トータルデザイン」が大事といいます。社長のカラーやキャラクターが社員に伝わり、それが商品となって反映される、という一気通貫の体制が出来ていること、つまりトータルデザインが出来ていることが同社の強みだと感じました。

## 地域あっての伝統産業

最近は、能作社長自身がテレビなどのメディアに登場する機会が多くなったため、北陸新幹線のホームなどで地元の人から声を掛けられることがあるとのことでした。その時に言われるのが

**「地域のためにがんばって！」**

ということだそうです。地元貢献が企業の第一の目的ではないにもかかわらず、同社の活躍は

富山県民から地域の誇りと思われているのです。

同社の評判や売り上げにも地域の人たちの力は大きいそうです。地元富山の人は、能作という会社や同社の商品を口コミで積極的に宣伝してくれるからです。

地域のつながりで仕事が発生し、能作社長自身が職人技を職人さんたちから教えてもらったおかげで今日があります。地域とのつながりや地域からの応援が能作の一番の強みかもしれません。今後も富山発、高岡発の新しい取り組み、斬新な商品や企画に期待したいと思います。

STEP

# Ⅱ

# 社内体制を整える

デザイン経営を行うための社内体制を整えよう

デザイン経営を実践するには、トップ自らがデザインを理解し、強い意志を持って社内体制を整えていく必要があります。
デザイン経営を意識した開発体制の確立や開発部員の選定、社員教育、商品開発の方法の見直し、外部協力先の確保など、行うべきことは多岐にわたります。社内体制を整えるための方法を解説していきます。

## ❶商品開発プロセスについて

**早読み▼まずは自社の商品開発のプロセスを確認し、整えていく必要があります。合わせて社内の商品開発体制も構築していきます。各プロセスにデザイナーが関わることも大事です。**

商品開発プロセス次第で社内体制も変わります。開発プロセスにデザインがどう関わるのかを知ることも非常に大事ですので、ここで整理しておきたいと思います。

企業の商品開発のプロセスは大きく分けて次の5つの段階に分かれます。特に、デザイン経営を目指している企業においては、各段階でデザイナーが積極的に関わっていくことが必要になります。商品開発のプロセスは通常、次の5段階に分かれます。

**①戦略　②企画　③開発　④製造　⑤販売**

## ①戦略の段階

**早読み▼戦略は経営者が考えるが、現場の意見も取り入れましょう。**

主に経営陣が主導する段階です。事業戦略、商品戦略、市場環境の分析を総合的に判断して、自社の商品開発の方向性を決めていきます。

この段階は経営陣の決めることだから、デザインは関係ないのでは？と思う方もいるかもしれません。確かに色や形の外観に限定してしまえばそうなのですが、この段階は次の企画に大きく関わってくる段階です。

　経営陣の正しい判断には、現場からの意見が不可欠です。経営者が大きな方向性は決めるとしても、やはり現場の率直な意見は聞いた方が良いと思います。デザイナーであれ、設計者であれ営業担当であれ、経営者の判断が間違っているならば堂々と意見を言って下さい。また意見が言える会社の風土も大事です。

　経営陣の判断が現場の意見と大きく異なるようであれば、後の段階に大きな影響を与えます。戦略は「最初のボタ

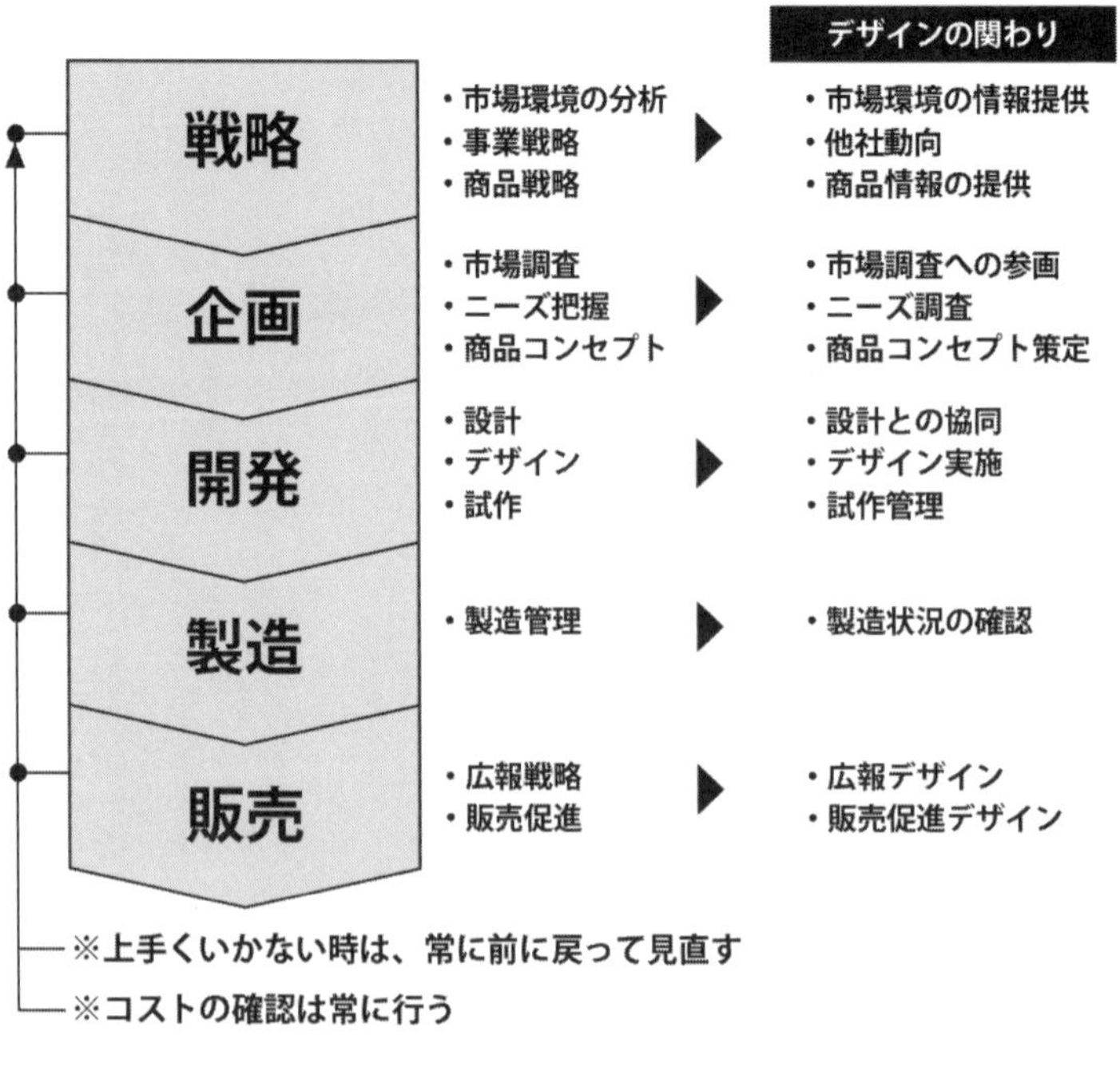


【商品開発プロセスとデザインの関わり】

ン」ですので、掛け間違えると最後までプロジェクトが迷走することになります。

## デザイナーの意見も参考にする

２００６年頃の話ですが、液晶テレビの価格下落が問題になっていました。それまで高額だった液晶テレビが、競合の増加で急激に安くなり始めたのです。液晶テレビの価格下落をどう食い止めるか、が業界では話題となっていました。

一方で、この現象は違う業界にとっては朗報でした。デジタルサイネージを扱う広告業界です。

デジタルサイネージとは、駅などに設置してある液晶モニターの広告のことです。それまで高価で手が出せなかった液晶モニターが、デジタルサイネージ広告に使えるまでに安くなったことで、一気に普及の可能性が広がりました。

我々はこの機会をチャンスと捉え、広告業界に対してデジタルサイネージのデザイン案をいくつか提示し、商品化を進めて

【デジタルサイネージ】

もらいました。デジタル化を業界に先駆けて手掛けたその企業では、今では売り上げの多くをデジタルサイネージ関連が占めるようになっています。

デザイナーは割と多くの業種の動向に触れることが多い職種です。他業界の動きは自社の業界に大きな影響を与える場合があります。企業戦略には外部のデザイナーの意見もぜひ取り入れてみて下さい。

## ②企画の段階

**早読み▼商品のコンセプトを明確にする段階です。コンセプトとはその商品の「売り」のこと。売りは少ない方が良いのです。**

経営陣の示した戦略の方向性に沿って、具体的な商品の企画を立てる段階です。

中心になるのは商品企画担当者です。企業の規模によっては、商品企画者はデザイナーや設計者が兼ねていたり、あるいは経営者自ら企画を行っている場合もあります。いずれのケースにしろ、戦略の方針に合わせて、ユーザーのニーズや競合他社との差別化、ターゲットの具体化などを明確にしていきます。

この段階では商品の**「コンセプト」**を明快にします。

コンセプトとは商品の具体像のことです。どのようなユーザーに、どれくらいのコストで、どのような価値を提供するのかをはっきり決めることです。これが曖昧だと、この後の工程が全て曖昧になってしまい、商品化に失敗する、もしくは商品化しても売れない商品になってしまいます。

商品企画者とデザイナーは非常に近い位置にいます。商品企画は商品の成否を左右するものですから、デザイナーと一体となって「商品のコンセプト」を練りこんでいく必要があります。場合によってはターゲットとなるユーザーの意見を直接聞いてみたり、試作品を作ってユーザーに試してもらったり、営業マンやバイヤーの意見を聞いたりなど、あらゆる角度から商品のコンセプトが正しいのかを検証する必要があります。

## 「売り」は少ない方が良い

**商品コンセプトを決める際には、なるべく「売り」を少なくします。**あれもこれもと「売り」を盛り込むと、どれがその商品の特徴なのかわからなくなってしまいます。

ある「どんぶり」のデザイン開発に関わったことがあります。昔からある食器なので、いったいどこをどうデザインすれば良いのか分かりませんでした。結局、採択されたのは他のデザイナーの案でした。採用案に決まったどんぶりの「売り」は、「側面に持ちやすい凹を付ける」だけです。どんぶりの下部に丁度指が掛かる凹部が付いています。これだけで形も新鮮になり、持ちやすくなります。当時はそのシンプルなアイデアに感心したのを覚えています。

このどんぶりの場合は、売りを「持ちやすい」1点に絞ったことでヒット商品となり成功しました。商品コンセプトは「売り」を少なく、が鉄則だと実感しました。

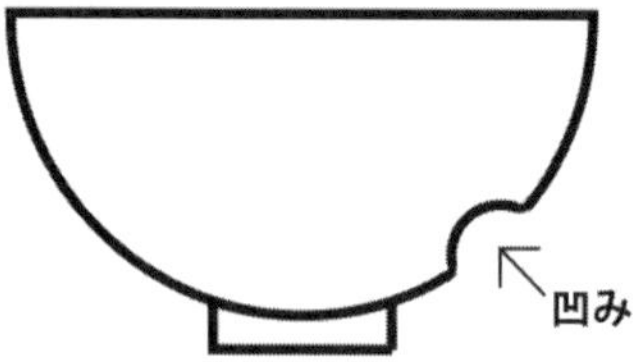


【売れたどんぶりの売りは「凹み」】

## ③開発の段階

**早読み▼開発は設計者とデザイナーが中心。開発に困難は付き物です。困難を乗り越えてこそ、いい商品が生まれます。**

開発の段階はデザイナーと設計者が中心になります。両者が協力して、商品コンセプトを具体的な商品に落とし込んでいく段階です。

デザイナーと設計者ではやや立場が異なります。デザイナーは主に商品の外観を担当し、設計者は主に機構などの内部を担当します。どちらが優先されるかは、商品コンセプトによります。いずれにしろ、両者が協力しなければ良い商品はできません。とことん議論を尽くし、開発途中の困難は両者が協力して乗り越えていく必要があります。

## ④ 製造の段階

**早読み▼製造がスムーズに進むためには、設計者・デザイナーと製造部門の連携がカギです。**

製造はメーカーであれば企業の製造部が担当します。ファブレス企業（工場を持たないメーカー）では外部の協力先が製造することになります。

製造にデザイナーが関わることはあまり無いと思いがちですが、そうではありません。前段階の開発で製造部門のことをよく考えて、作りやすくコストを抑えた開発をすれば製造段階もスムーズに進みます。製造部門とは綿密に連絡を取り合いながら、効率的な製造方法を協力して作っていく必要があります。

## ⑤ 販売の段階

**早読み▼ 販売にこそデザインが必要です。あらゆるＰＲにデザインを導入しよう。**

販売は営業部門に任せておけば良い、というのは大きな間違いです。販売の段階でもデザインの関与は非常に大事になります。

カタログやウェブサイト、チラシ、展示会や取扱説明書まで、販売に関わるあらゆるものに開発担当のデザイナーは関わるべきです。なぜなら商品のことを一番良く知っているのが開発者であるデザイナーだからです。販促は販促担当に任せておけば良いということでは、商品の狙いやアピールポイントがユーザーに伝わりません。

企業によっては店舗の販売員のために、商品の開発のポイントをまとめた冊子を作製し、販売員に講習会を開いて説明している企業もあります。それほど開発者であるデザイナーのやるべきことはたくさんあります。販促の効果を一番に高めるのはデザインです。

## 展示会にはデザイナーも参加しよう

各種の展示会が毎週のように開催されています。多くの企業ではこの展示会にアテンドするのは営業マンが多いと思います。売り込みなのでそれは当然なのですが、展示会にはぜひデザイナーも参加した方が良いです。展示会はユーザーと接する最大の機会です。その場で商品の印象や使い勝手を聞くことができるのですから、ユーザーの声を商品に反映させていくにはまたとないチャンスです。

以上デザインと開発段階の関わりをまとめてみました。デザインは企業活動のあらゆる場面、あらゆる段階に関わるものです。「デザイン経営」を目指す企業は、全ての企業活動にデザインが関わるように気を付けて、その結果として企業のブランド価値を上げていく必要があります。ブランド価値は一朝一夕で上がるものではなく、日々継続して時間をかけていく必要があります。

# ❷プロジェクトの責任者は誰？

**早読み▼商品開発の責任者は経営者です。全権をプロジェクトリーダーに預けた上で、適切にチェックを行いましょう。**

商品開発のプロジェクトを始める際に責任者は誰か？ と言えば経営者です。なぜかと言えば、商品開発にはリスクや失敗が付き物です。投資も必要になります。その責任が負えるのは経営者だけだからです。

もちろん経営者は多忙なので商品開発プロジェクトに掛かりきりになることはできません。ただし、適切なタイミングで進捗や方向性の確認をする必要があります。あとは現場のプロジェクトリーダーに全権を任せれば良いのです。

ただし、よくある失敗例は、商品開発プロジェクトを現場のリーダーに任せきりにしてしまうパターンです。プロジェクトが進んで後戻りできない状態になってしまってから、経営者がチェックして初めて間違いに気付くことがあります。そうなってしまってからでは、修正するのに多大なコストと時間が掛かってしまいます。

もう一つの失敗パターンは、逆に経営者が口を出し過ぎるパターンです。開発途中であれこれ口出しされると、リーダーは経営者の方だけを向いて仕事をするようになり、肝心のユーザーは置き去りになってしまいます。それでは経営者好みの商品はできてもユーザーに支持される良い商品はできません。

経営者の役割は、プロジェクトの方向性を時々チェックしながら、修正が必要なら指示をし、細かな部分は現場のリーダーに任せることです。任せることでリーダーは責任感を持ち良い商品作りに集中することができます。

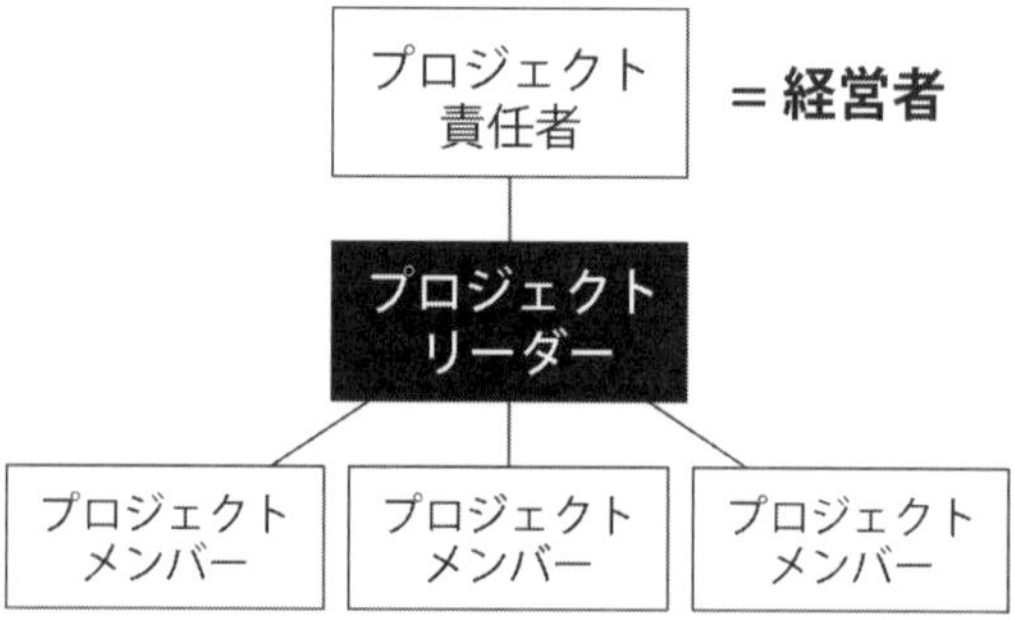


【商品開発体制】

# ❸プロジェクトリーダーは誰?

**早読み▼商品開発のプロジェクトリーダーは、「その仕事が好きな人」「現場に出て考えられる人」を選ぼう。**

私はデザイナーという仕事柄、多くの商品開発プロジェクトに参加させてもらい、様々なプロジェクトリーダーと一緒に仕事をさせてもらいました。そこで感じたプロジェクトリーダーの「資質」があります。

## 好きこそものの上手なれ

まず資質の第一は、単純にその仕事が「好き」なことだと思います。「好きこそものの上手なれ」という言葉の通り、好きであれば開発する商品に強い思い入れがありますし、最後まで何とか形にしてやろう、という気概が持てます。逆に商品に興味のないプロジェクトリーダーが任務にあたると、大抵のプロジェクトは途中で消えていってしまいます。

## リーダーこそ現場に出よう

もう一つ重要な資質だと感じるのは、机上で考えるタイプではなく、常に現場に出て、設計者や製造担当者、または市場に出て消費者やバイヤーと向き合っている人の方が良いということです。

**プロジェクトリーダーの仕事は一言で言うと「商品化する」ことです。**商品化にたどり着くまでには、当然ながら途中で色々な困難にぶつかります。コストが合わない、設計が上手くいかない、デザインが決まらない、ユーザーニーズが掴めない、などなど。

しかし、机上で考えていても様々な課題の解決策はなかなか見つかりません。これを現場の声を聞きながら解決し、時には優先順位を決め、不要なものは思い切って捨て、なんとか商品までまとめ上げることが大事です。

プロジェクトリーダーはそのプロジェクトの成否を握っています。プロジェクトの責任者である経営者にとって、最適なプロジェクトリーダーを選ぶことは非常に重要なことです。

# ❹ 開発メンバーの選び方

**早読み▼商品開発のメンバーは、やる気のある人を選ぼう。そして、その商品のターゲットユーザーに近い人を入れよう。**

商品開発の際に、誰をプロジェクトメンバーに選べば良いのでしょうか。商品の開発プロジェクトが始まると、企業の規模にもよりますが、商品企画者や設計担当、デザイナー、営業などが集まって「開発チーム」が作られる場合が多いと思います。この場合の開発チームのメンバーが誰であるか、というのは非常に大事です。

## ① やる気のある人を選ぶ

当たり前のようですが、**メンバーには「やる気のある人」を選んで下さい。**

会社によっては年功序列や、何となく選ぶ場合もあります。しかし、何となく会社から命令されたから、あるいは指示されたから開発担当になっているという場合、商品の完成度は目に見えて低くなります。つまり開発者のモチベーションの低さがそのまま商品の完成度の低さに直結します。

これは、商品に対する「思い入れ」や「こだわり」が無いために、ある程度の完成度で妥協してしまうことが原因です。商品開発には「思い入れ」や「こだわり」が不可欠です。この機能をもっとこうすれば良くなる、デザインはもっとシンプルにならないだろうか、この部分の安全性が足りないのではないか、など、担当者のモチベーションが高い場合は次々とアイデアが湧いてくるものです。

どのような業界であれ、商品には競合他社がいます。モチベーションの高い開発者と低い開発者、どちらが良い商品ができるかは明らかでしょう。

## ②ターゲットユーザーを入れる

開発チームには、その商品の「ユーザー」に近い人を必ず入れるべきです。

女性用のキッチン用品を開発するのに、女性メンバーが開発チームにおらず、年配のおじさんだけで開発するなどもってのほかです。女性ユーザーならではの「こだわり」や「気付き」が大事です。ターゲットユーザーに近いメンバーが入っていれば、より消費者のニーズに近い「売れる」商品ができるものです。

## ❺ キックオフ会を行おう

**早読み▼プロジェクトのキックオフ会は、真剣にそのプロジェクトに向き合うための大事なイベントです。**

新しい商品開発プロジェクトが決まったら、経営者と開発担当者、および関係者全員が集まって「キックオフ会」を行いましょう。

企業によっては「何となく」プロジェクトがスタートする場合もあると思います。何となくスタートすると、何となく終わってしまうプロジェクトが多いものです。私はその現場を数多く見てきました。何となくスタートするということは、そのプロジェクトはその企業にとって「あまり価値のない」プロジェクトが多いかと思います。

一方で「キックオフ会」を開いて、関係者全員にプロジェクト開始を宣言する案件であれば、経営者も含めて「真剣に」取り組む姿勢が明らかです。キックオフ会は時間をかける必要はありません。時間にすれば30分程度で十分です。むしろ短い方が良いです。長いと様々な部署から様々な意見が出て収拾がつかなくなります。

キックオフ会の前には、開発チームがプロジェクトについてプランを練りこんでおく必要があります。その上で、キックオフ会で以下の「宣言」をします。内容は、次の3つです。

①**そのプロジェクトを始める理由**…プロジェクトを始める理由や背景を説明します。

②**ユーザーにとっての価値**…それが達成されると、ユーザーにどんなメリットがあるのか？をはっきりさせます。

③**体制とスケジュール**…誰がいつまでに何を行うのかを明確にします。

この3つを関係者全員に伝達し、意識や目的を共有します。キックオフ会を行うことで「全社で」取り組む姿勢がはっきりとします。ぜひプロジェクトが決まったらキックオフ会を行って下さい。

# ❻ 自社の強みを知る

**早読み▼ 自社の強みを知るのは他者。積極的に外部の人の意見を聞こう。**

商品開発をしようとする時には、まずは自社の生産設備や技術、ネットワークなどを活用しようとするのが普通だと思います。例えば板金が得意な会社であれば、板金技術を活かした新しいキャンプ用品を考えたりします。

しかし、よほど特殊な技術や設備が無い限り、競合他社や先行で商品開発を行っている会社も同様の条件を整えています。ましてや中国など海外の企業と競合することになれば、大変なコスト競争を強いられてしまいます。

## 自社の強みは他者が知る

商品開発においては、やはり自社の強みを最大限活かして競合他社との差別化を図ることが必要です。では自社の強みを客観的に知るにはどうすればいいのでしょうか？

人間も同じですが、自分の良い所というのは自分ではなかなか気づかないものです。他人に言われて初めて「自分のこんな所が褒められるのか」と気付く人も多いのではないでしょうか。企業も同じです。自社の強みを自分で知ることは難しいのです。

私は仕事でよく伝統産業の産地に伺うことがあります。日本には有田焼や九谷焼、西陣織、輪島塗など全国各地に伝統産業が残っています。それぞれの産地では、その産地独特の技法や柄があります。

産地独特の技法や柄は、その産地の人には当たり前で古いものに見えるかもしれませんが、我々から見れば非常に新鮮で魅力的に見えます。現代的にアレンジすればいくらでも素敵な商品ができると感じます。実際、伝統産業を活かした魅力的な新商品はたくさん生まれています。

## 他者から見ると強みが分かりやすい

もし自社の強みを客観的に知りたいと思ったら、ぜひ第三者を開発メンバーに入れて下さい。もしくは意見やアドバイスを聞いて下さい。自社では「古い」「当たり前」と思っていた技術が、第三者から見ればとても魅力的に見える場合があります。古い技術をアレンジして現代的に蘇らせた商品はたくさんあります。第三者の意見を聞くことで、自社の強みを再確認し、新商品開発に活かして下さい。

事例紹介にもある株式会社能作では、柔らかい金属「錫」の成形に苦労していた所、「柔らかいなら曲げて使えば良い」という外部デザイナーの意見を取り入れて「曲がる器」という新しい商品を開発し、大ヒットに繋げました。

株式会社Ｈａｃｏａでは、東京の直営店に来店する全国の木のプロから、色々な意見やアドバイスをもらって、商品開発に活かしています。

内部からでは自社の強みはなかなか分かりません。それが「当たり前」だと思ってしまうからです。御社にも、外部の目で見て初めて発見できる強みが必ずあるはずです。

事例紹介

# 株式会社　Ｈａｃｏａ

## ユーザビリティで拓く、伝統産業の未来

■企業紹介

Ｈａｃｏａ（ハコア）は、２００1年に誕生した、山口工芸（旧社名）のオリジナル木工ブランド。１５００年の歴史を持つ越前漆器をルーツとして、オリジナルの木工商品を企画・製造・販売している。２０１9年には社名を株式会社Ｈａｃｏａに改め、現在では全国に12店舗の直営店を展開。２０１０年からの10年間で売り上げを20倍に成長させるなど、伝統産業復活の成功事例として知られている。

■お話を伺った方の紹介

代表取締役社長　市橋　人士　様

Ｈａｃｏａは福井県鯖江市に本拠を置く、木工製品のメーカーです。全国12箇所に直営店を展開しており、売り上げもこの10年で20倍へと急成長しました。

社長の市橋氏は元々が木地職人です。木地とは漆製品の色を塗る前の木部のことです。１９９４年に職人として弟子入りしてからの5年間は木地職人としての腕を磨く日々だったそうです。

同氏が職人としてスタートした頃は、まだ漆器が十分に売れていた時代であり、特に冠婚葬祭の道具として高値で取引されていました。しかし、１９９０年代中頃からは、漆器のレンタルビジネスの登場や漆製品を使う習慣そのものが徐々に無くなり、将来に危機感を持ったそうです。

【越前漆器の御膳】
漆を塗る前の木地（上）
漆を塗った後（下）

そこで、1997年頃には同氏は自分で百貨店などに営業を行うようになりました。しかし、当時は問屋制度が根強く、問屋からは「直接売るな」「職人が前に出るな」と叱られたそうです。

この頃、東京では海外から多くのデザイン雑貨が入ってきて人気を博していました。市橋氏はそれを見ながら、自分の属する業界である越前漆器と現在の消費者のニーズが大きくずれているのではないか？と感じたそうです。特に海外の雑貨のデザインには刺激を受け、自分でもデザインを学び始めるようになりました。

漆器＝漆塗りというイメージは誰もが持っていると思います。越前漆器業界でも「塗りにこそ価値がある」という常識がありました。

しかし、塗りのあるものは問屋制度の手前自分では売れない、塗りの費用も掛かると考えた市橋氏は、塗り

【ランチョンマット】

【運び盆】

のない木地のみの商品で自社商品を売っていこうと考えました。
２０００年には「ランチョンマット」、２００１年には「運び盆」と次々と木地のみの自社商品を製作してヒットさせ、同年２００１年には山口工芸の自社ブランドとしてＨａｃｏａを立ち上げました。

## たった一人のお客様のために作った「木ーボード」

Ｈａｃｏａの名前を広く知らしめるようになった製品が写真の「木ーボード」です。現在でも後継機種が販売されていますが、その初代が発売されたのは２００２年。価格はなんと26万8千円と超高額でした。ネットでは「面白い」「ふざけた値段だ」など、様々な声が飛び交ったそうですが、この製品で最初にＨａｃｏａを知った人も多いのではないでしょうか。

さて、この「木ーボード」ですが、企画のきっかけが面白いのです。ある時Ｈａｃｏａに30代くらいの女性が訪れて「パソコン

【木ーボード】

用の木のキーボードが作れないでしょうか？」との意見が寄せられたそうです。その女性はプラスチックアレルギーでプラスチックを全く触ることができないのだそうです。

キーボードはパーツが多く、一つ一つの木製部品を手作りで作るのは非常に大変だったそうですが、アレルギーで困っているその女性たった一人のために商品化したそうです。

初代の「木ーボード」は数台しか売れなかったのですが、メディアにも大きく取り上げられ話題となり、結果的にはＨａｃｏａの代名詞と言えるほどのＰＲ効果をもたらしました。この商品は「お客様のために作る」という同社の姿勢が生んだ逸品だと思います。

## 転機となったＩＴ市場への参入

２０００年頃から、日本でも楽天などのネットショッピング市場が立ち上がります。

２００４年に同社が開発したのが、写真の携帯カスタムジャケットです。この商品を楽天市場に出品した所、販売開始からすぐに１００枚が売れ切れるヒット商品となりました。連日製作しては売り切れる、を繰り返したとのこと。この時

【携帯カスタムジャケット】

に、ネットショッピングの威力を実感するとともに、「ITと木製品」の組み合わせが非常にユーザーの反応が良いことを実感できました。「この市場には底なしの可能性がある」と思ったそうです。

## お客様の求めるものを提供する

ここで、同社の商品企画の方法についてお聞きしました。基本的には「お客様の求めるものを提供する」「お客様の声を形にする」ことを基本としています。

その上で、次の3つの視点を加えて製品化の判断をしています。

① **作れるかどうか**…まずは作れるかどうか。いくらお客様の要望があっても作れないものは提供できません。また、作っても反ったり割れたり、またはお客様がけがをするような製品では、作る価値がありません。

② **お客様が得をするか**…その商品を買ったお客様が、買ってよかったと思えるかどうかが大切です。買った人のライフスタイルが豊かになることで、Ｈａｃｏａとお客様がＷｉｎＷｉｎの関係でいられることが重要だと言います。

③Ｈａｃｏａらしいか…同社の製品ラインアップとしてふさわしいかどうか。これは最後の条件とのことです。「Ｈａｃｏａらしさ」は最初の条件なのかと思っていましたが、あくまでもお客様が最優先であり、Ｈａｃｏａらしいかどうかは、最後の条件という所が同社の姿勢を象徴していると思います。

## 技術の落とし所

多くのヒット商品を生み出してきたＨａｃｏａですが、自社の技術の落とし所について考えさせられた事例があります。

その一つが、同社の名刺入れ。2タイプありますが違いが判るでしょうか？上側はオール木製で、下側はステンレスのケースに木を貼り付けたものです。も

【オール木製】

【ステンレス＋木】

ちろん全て木製の方が製作に手間暇が掛かります。

ある時、このオール木製の名刺ケースを買った会社員の男性が「返品できないか？」とお店に来られたそうです。その理由を聞くと、上司に叱られたとのこと。「こんな奇抜な名刺入れを持つな」と言われたそうです。

木の加工技術が売りのＨａｃｏａですから、もちろん手間暇の掛かるオール木製の方がお客様に喜んでもらえるだろうと思っていた所が、逆に奇抜すぎると受け止められてしまったのです。

その後、ステンレスに木の板を貼り付けたタイプを発売した所、ビジネスマンに好評で大ヒットになったとのことです。普通のステンレスケースにちょっとした木のアクセントを入れたものが、まさにお客様の求める「ちょうどいい」製品だったのです。

多くのメーカーは自社の技術力をアピールするために、技術力を最大限に活かした商品を作りたがります。特に設計者はその傾向が強いと思います。しかし、技術はお客様に受け入れられてこそ価値があります。まさに「技術の落とし所」が大切なのです。

Ｈａｃｏａの名刺ケースの事例は、お客様に「ちょうどいい」商品を提供する大切さと難しさを教えてくれます。

## 商品開発と人材の育成

Ｈａｃｏａでは、年間20～30件もの新商品を発表しています。新商品を生み続けていくのは大変ですが、新商品誕生のきっかけはどこにあるのでしょうか？

同社では社員の誰でもが新商品の提案をできる体制になっています。毎月新商品開発会議があり、そこで提案された商品の中から商品化される企画が採用され開発に進んでいきます。

まず、同社の商品開発は第一に「お客様の声ありき」だということです。

同社では、社員が常にお客様の声に耳を傾けることを心がけています。例えばウェブデザイナーは、ウェブサイトを作れば、お客様からどういった反応が返ってくるのかを知ることができます。印刷物を手掛けるグラフィックデザイナーや商品デザインを行うプロダクトデザイナーは、実際の店舗に立って接客をし、お客様の反応や声をダイレクトに聞いています。もちろん販売員や営業マンはお客様と常に接するわけですから一番ユーザーに近い位置にいます。

つまり、全ての社員はお客様の反応や声を聞きながら「お客様の求める」商品を具現化しているのです。

市橋社長によれば、一時期は外部の有名デザイナーに商品企画やデザインを依頼していた時期もあったそうです。しかし、次第に「自分たちはいったい誰のために商品を作っているのか？」

と疑問に思うようになったそうです。外部デザイナーは、えてして自分の「作品」を作りたがります。同社はデザイナーの「作品」を作るための会社ではない、という思いから、現在では全て自社で商品開発を行うようになっているということです。

また、同社のデザイナーは入社時から3年間は必ず製造現場に入ります。そこで作り方を一から学ぶのです。作り方を知らないデザイナーはコスト度外視の商品を開発したり、製造不可能な商品を企画したりしてしまいます。それを防ぐには、製造工程をよく知ることが大切だということです。

## 直営店展開のメリット

Ｈａｃｏａでは、現在全国に12店の直営店を展開しています。２００８年には本社新社屋に最初の直営店を開設。２０１０年には上野に東京・直営1号店、２０１３年には東京・丸の内に出店しています。

特に丸の内の店舗のお客様には、全国の「木のプロ」の方が多かったそうです。木のプロとはつまり、木の加工業者であったり、建築家であったり、木材商社であったりということですが、その方々から色々教えてもらったり、厳しい意見をもらったりしたことは、非常に参考になったとのことでした。また、商業施設のデベロッパーの方に声をかけてもらったことで、現在の各地商業施設への直営店出店につながっているということです。

さて、直営店であれば問屋などへの中間マージンを省くことができるのはもちろん大きなメリットですが、それ以外にも直営店ならではの大きなメリットがあるそうです。どのようなことでしょうか。

### ①お客様の声をダイレクトに聞くことができる

商品の評価や良い所、悪い所、お客様からの意見までがダイレクトに聞ける所が大きなメリットということです。百貨店などのバイヤーを通した販売方式では、お客様の声が自社に届きにくくなってしまいます。

### ②自分たちでマーケットを作ることができる

パソコン用の木のキーボードや木製USBなど、特徴的な商品の多い同社の製品群ですが、間に問屋や商社の入る形態では、中間業者の意見が優先される場合もあり、特徴のある尖った新商品にトライするのは難しくなります。直販であれば、リスクを取りながら新商品で新しいマーケットを自社で創造していくことが可能になります。

## ③技術を残していく

Ｈａｃｏａの強みは何といっても他社には真似のできない技術力です。特に木を薄く加工する技術については自信をもっています。この技術を継承発展させていくためにも直販店は不可欠なのです。

お客様からの要望の中には、加工が難しく手間が掛かり、さらに売れるかどうか分からない商品もあります。しかし、直販店があれば、例えテスト販売であっても販売は可能です。難しい加工に挑戦し続けて行くことで、同社の技術が磨かれていくということです。

【東京・KITTE 丸の内店】

## 「ユーザビリティ」がＨａｃｏａの哲学

Ｈａｃｏａでは、商品開発の哲学として「ユーザビリティ」を最重視しているとのことです。

ＩＳＯ（国際標準化機構）では、ユーザビリティとは「ある製品が、指定されたユーザーによって、指定された使用状況下で、指定された目的を達成するために用いられる際の有効さ、効率、利用者の満足度の度合い」と定義されています。つまり、製品を作る際に、ユーザーがいかに使いやすいか、ユーザーの満足度をいかに高められるか、をテーマとして商品開発を行うことを指しています。

同社の商品開発はまさに「お客様」が中心であり、自社の直営店から得たお客様の生の声を具現化する体制になっています。例えば同社の直営店には必ずレーザー加工機が設置されており、お客様の要望に応じて自由に「名入れ」することが可能です。世界に一つしかない商品をその場で製作できることも、お客様の満足度を高める重要なサービスの一つです。

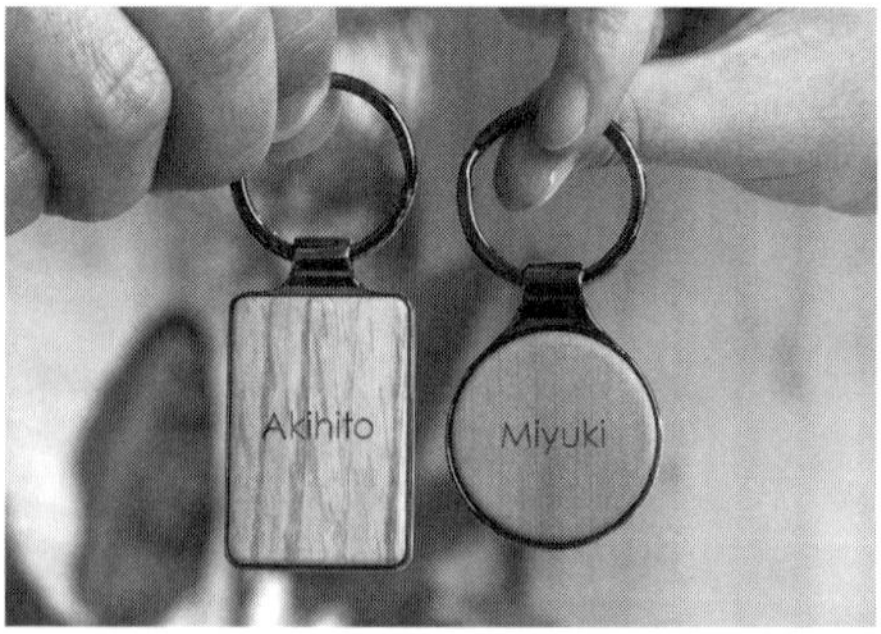


【名入れサービス】

「お客様中心主義」は、多くの企業が唱えながらも、自社の技術の押し付けであったり、不要な機能がたくさんついていたりと、実際には実行できていない商品やサービスが多々見られます。Ｈａｃｏａの「お客様が中心」の取り組みは、社員全てに徹底されています。衰退に悩む多くの伝統産業産地や、新商品開発に取り組む企業のお手本になると感じました。

# Ⅲ

# 市場ニーズを理解する

市場ニーズを理解して、商品開発を進めよう。

市場ニーズを全く把握せずに商品を開発してしまう、これもよく見られる失敗例です。市場調査会社と膨大な費用を使って調査するということではなく、営業マンにヒアリングする、現場を見る、簡単なアンケートを取る、といった基本的で簡単なことで良いので、ぜひ実行してもらいたいと思います。

このステップでは、事例を取り上げながら市場ニーズの把握の仕方、潜在的なニーズの発掘の方法などを解説していきます。

# ❶ユーザーニーズはどこにある？

**早読み▼大事なことは「潜在的ニーズ」を見つけること。ユーザーアンケートやクレームなど、意外な所にニーズは潜んでいます。**

商品開発をする際に一番困難なのは「ユーザーニーズ」を探る段階ではないでしょうか。

既に世の中にはたくさんの商品があふれており、競合他社も多く、その市場に付け入るスキが無いのでは？ と思う方も多いと思います。

一方では毎年各社から新商品が発表され、多くの商品が消えていく中でも、その中のいくつかは定番商品、またはヒット商品として残っていきます。ユーザーのニーズに応えた商品が残っていくわけですが、できればその「残る方」の商品を開発したいものです。

## 潜在的ニーズと顕在的ニーズ

ユーザーのニーズには大きく分けて「潜在的ニーズ」と「顕在的ニーズ」があります。

潜在的ニーズは、ユーザーははっきりと言わないけれども、何となく不満に思っているニーズのことです。

例えばスマートフォンが出る前は、ユーザーは「何となく不便だな」と思いながらガラケーを駆使して、メールを打ったりウェブを見ていたりしていました。スマートフォンが世に出たことで一気にガラケーは衰退していきました。その頃の携帯市場には、「何となく不便＝潜在的なニーズ」があったわけです。

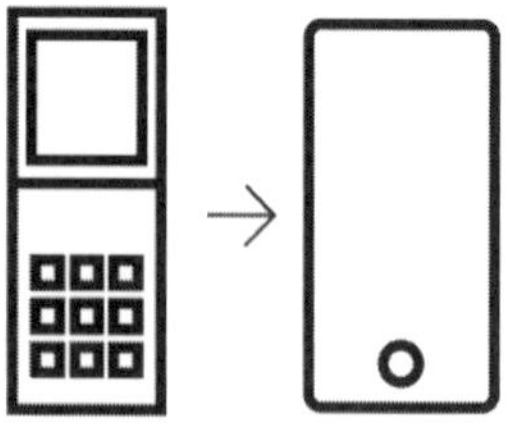

【潜在ニーズの典型例】

対して「顕在的ニーズ」はお客のニーズがはっきりしている場合です。「もっと燃費の良いハイブリッドカーが欲しい」「もっと性能の良いパソコンが欲しい」などはっきりしている場合は、企業はそれを提供すれば良いわけですから割と簡単です。しかし、簡単なだけにライバルも多く価格にもシビアになります。

商品を開発する場合は、「潜在的ニーズ」を見つけ出し、商品を競合他社より早く提供できればいうことはありません。

## 潜在的ニーズをどう見つけるか？

では、潜在的なニーズをどう見つけるか、ということです。

事例紹介にもある、株式会社エンジニアでは、顧客の潜在的なニーズを「アンケートはがき」から得ました。大ヒット商品のプライヤー「ネジザウルス」は、アンケートはがきの中で「5番目」に多かったユーザーの要望がヒントになって生まれました。

ユーザーの要望の上位は、もっと使いやすくなど「顕在的」なものが多いのですが、ネジザウルスの特徴である「潰れたネジも外せる」という機能は、一部のユーザーしか気付かない「潜在的」なものです。**実はこの一部のユーザーの要望こそが潜在的なニーズそのものです。**

消費者は商品を使う時に商品のことを深く考えて使ってはいません。「この商品はこんなものだろう」「これが当たり前」と思いながら使っているはずです。そのような消費者に質問をしても、潜在的なニーズはなかなか見つかりません。

一方で、商品を使い倒すようなセミプロのユーザーは、「この商品にこのような機能があれば良いのに」「この商品のここが不満」など、考えながら使ってくれます。この少数派の意見こそが、潜在的ニーズの元になるものです。

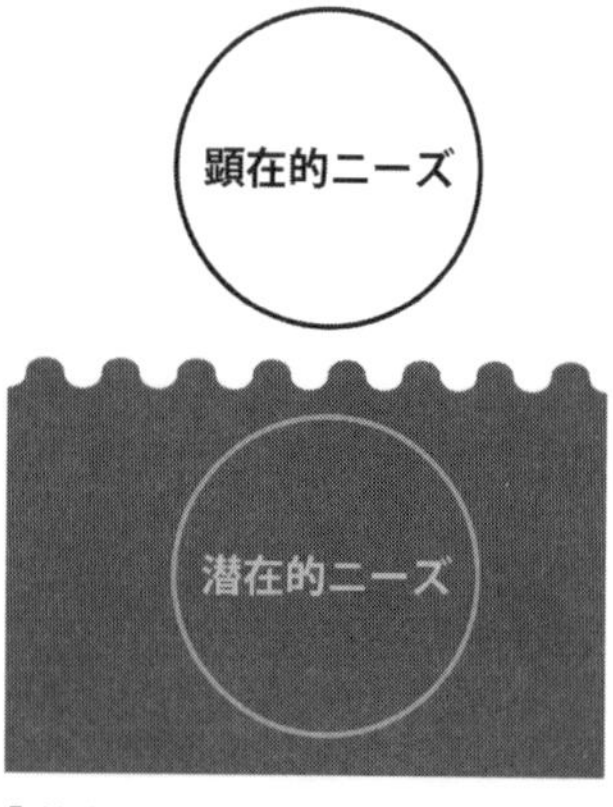

【潜在的ニーズは見えにくい】

少数派の意見が商品に反映され、一般に広まることで世の中に認知されます。世の中のヒット商品の多くはそうして生まれています。少数派の意見をどうやって拾い上げるか、が潜在的ニーズを見つける方法です。

# ❷ 競合品の調査について

**早読み▼ できる範囲で競合品の調査をしよう。今はネットのおかげで簡単にできます。また現物はできるだけ見るようにしましょう。**

商品開発をする際にまずしなければいけないことは、開発をするアイテムの競合品調査です。いま市場にどんな商品があってどれが売れているのか、なぜ売れているのか、どのような人が買っているのかを調べます。

大規模な調査をしなくても、一般的な商品であればアマゾンや楽天を見れば売れ行きを簡単に知ることができます。中でも口コミの評価では、ユーザーがどこを評価して、どこに不満を持っているのかが分かります。産業機器などの特殊な機械であっても、営業マンの意見や得意先の意見、展示会での調査など方法はたくさんあります。

できる範囲での簡単な市場調査をせずに商品開発を進めてしまうと、あとで類似の商品があった時に開発の時間とコストが無駄になります。市場調査は必ず行いましょう。

## 必ず現物を確認しよう

さて、競合品を調査する時に、気を付けていただきたいことがあります。それは必ず現物を見る、ということです。

ネット調査で商品の画像や仕様は確認できますが、細かい部分のこだわりやサイズ感までは分かりません。その商品が売れている理由は意外と細かい部分の「こだわり」にあったりします。商品を購入して手にしてみれば、意外と小さいサイズだったり、使う工夫が随所にあったりと気付くことが多いものです。

ネットで調べて競合品が分かったつもりになるのは危険です。大きなものであれば、遠くの展示会に出かけても調査する方が良いです。必ず現物で確認することが必要です。

## ❸ユーザーにインタビューしよう

**早読み▼ 身近な人にインタビューしよう。目的は潜在的な不満やニーズを見つけることです。**

商品開発を始めた時には、最初の段階で行ってほしいのはターゲットユーザーへの「インタビュー」です。インタビューというと手間もお金も掛かるのでは？と思うかもしれませんが、そうではありません。**身近な人**でいいのです。

例えば「スマホケース」を考えるとします。スマホケースといっても色々種類があって、使い方も様々です。まずはスマホケースを使っている自社の社員にインタビューしましょう。これであれば費用は掛かりません。ユーザーに意見を聞くのが開発の一番の近道です。

## インタビューの方法

インタビューは、何となく雑談風に聞くのではなく、しっかりと場所と時間を設定して行います。聞く側の人とインタビューを受ける人は1対1でもいいのですが、可能であれば、複数人に集まってもらって聞く方が良いです。一人だとなかなか言葉が出てこない人もいます。

事前にどういったことを聞きたいという質問項目を渡しておきます。質問項目は大体以下のような内容でいいかと思います。時間は1グループ1時間以内くらいです。

【質問項目】

・どうして今の商品を使っているのか？
・購入した動機は？
・どこで、いくらで購入したか
・比較した商品は？
・今の商品の良い所、不満に思っている所
・こんな商品があったら良いな、と思うことがあったら教えてほしい

## インタビューの目的を明確に

**インタビューの目的は、利用者の「潜在的なニーズや不満を探る」ことにあります。**

例えばスマホケースでは「ケースをしているのに、落としたらスマホが壊れてしまった」とか、「しばらく使ったらデザインに飽きてしまった」など、色々な意見が出てくると思います。インタビューの中から、商品開発のヒントを探すのが目的ですから、インタビュアーは細心の注意をもって、ヒアリングする必要があります。

多くのヒット商品はユーザーの些細な不満がきっかけになって生まれるものです。インタビューではユーザーの些細な不満に耳を傾けることが大事です。

例えばコクヨの消しゴム「カドケシ」は、細かい文字を消しゴムの角で消すと角がすぐに丸くなってしまう、というユーザーの不満から生まれました。開発したデザイナーは、それであれば「角をたくさん作った消しゴムを作れば良い」と考えて「カドケシ」が誕生しました。

【カドケシ】

商品開発は**「世の中にありそうでなかった商品」**を開発する作業です。ユーザーの意見や不満が大ヒットにつながる事例がたくさんあります。ユーザーインタビューは潜在的なニーズを発見するための非常に大事な開発ステップです。

## ❹ユーザーターゲットを明確に

**早読み▼ 実在ペルソナ法を利用して、ユーザーターゲットを明確にしよう。ターゲットがはっきりすれば商品コンセプトも決まります。**

商品開発においては「ユーザーターゲット」を誰にするか、は非常に大事なことです。例えば自動車を開発する場合であれば、軽自動車とスポーツカー、高級車ではターゲットとなるユーザーが全く異なります。ターゲットが異なる場合はそれに合わせて、価格、装備、使う素材などを変える必要があります。

主婦が主なターゲットの車と、車好きの人がターゲットの車では機能性も大きく異なってきます。主婦が主なターゲットである場合は使いやすい車体形状でないと困りますが、車好きの人がターゲットであれば、乗り降りしにくいスポーツカーでも全く問題ありません。

## ペルソナ法を活用する

商品開発の際にユーザーターゲットが決まった段階で活用したいのが「ペルソナ法」です。ペルソナ法とは、その商品を使ってもらう仮のユーザーを決めて、そのユーザーに対して最適な商品を開発していく手法です。

ペルソナ法は、本来は現実の世界にいない「仮想的な人物」を設定するのが通常です。例えば、「東京在住、主婦、35才、趣味は手芸、子供一人」などです。しかし仮想の人物ではなかなかイメージがつかみづらいことが難点です。また仮想的な人物では開発担当者それぞれが違うイメージを持ってしまうかもしれません。

## 実在の人物をペルソナにしよう

**そこでお勧めしたいのが「実在の人物」をペルソナとして設定する方法です。**社員でも社員の奥様でも、あるいは必要ならネットでターゲットに近い人物を募集しても構いません。その方をターゲットユーザーと決めて商品開発を行います。これを**「実在ペルソナ法」**と呼んでいます。

実在ペルソナ法の良い所は、何といっても本人に直接意見が聞ける所です。仮想的な人物を設定するペルソナ法では、開発者がユーザーの反応をいちいち予想しなければいけません。実在ペルソナ法であれば、「使い勝手はどうか」「価格はどうか」「触り心地はどうか」など開発途中でどんどん意見を聞いて開発に反映していくことができます。当事者ならではの思わぬ意見もあったりして、それが開発課題の突破口にもなったりします。

【実在ペルソナ・アンケート用紙】

| | |
|---|---|
| 名前・年齢・性別 | 写真 |
| 職業 | |
| 仕事内容 | |
| 年収 | |
| 家族構成 | |
| 住所 | |
| 性格 | |
| 趣味 | |
| 休日 | |
| 買い物 | |
| こだわり | |

実在ペルソナ法は非常にメリットの大きい開発手法です。まず、本人にアンケートシートに記入してもらって下さい。開発の途中で分からない所が出てきたら、随時質問しながら進めていきます。

このケースでは32歳のキャンプ好きな男性に協力してもらっています。キャンプ好きならではの細かいこだわりがあるはずです。こだわりのどの部分が商品開発に生かせるのかを開発メンバーで議論しながら開発を進めて下さい。ユーザーのこだわりこそが差別化できるポイントです。こだわりを活かせば競合品と差別化できる商品が作れるはずです。

## ❺思い込みを捨てよう

**早読み▼自社の技術に対する思い込みを捨てよう。技術を活かして現代にマッチした商品を作りましょう。**

どんな企業であれ、自社の歴史や伝統、技術には強い誇りと愛着を持っているのが普通かと思います。ましてや50年、１００年、またはそれ以上に続いてきた老舗の企業であればなおさらです。しかし、多くの企業の商品開発を見ていると、自社の技術への「思い込み」が強すぎて失敗しているケースも見られます。

例えば職人の技術が売りの企業の場合です。「この技術は職人が10年、20年と修行して初めて習得できるものだから、機械加工では絶対に真似できない」などというケースです。確かにそうなのですが、大事なのは買ってくれるユーザーがそこを評価してくれるかどうか、ということです。

「修業期間」や「職人の技術」をユーザーが評価してくれるのであれば、それは大きな強みで、他所では真似できないわけですからとても大事にするべきです。例えば、刀鍛冶の技術が現代の包丁に活かされているケースなどはこれに当たります。日本の包丁は海外でも大人気ですから、職人の技術はどんどんアピールすべきです。

一方で、いくら伝統や技術があってもユーザーが評価してくれないものは、価値がありません。例えば仏壇の製造技術が優れている企業があったとします。しかし現代では仏壇の需要自体が減少してしまっています。需要のない所にいくら技術があっても、それは宝の持ち腐れになってしまいます。

## 時代にマッチすれば成長できる

企業は過去の資産を活かしながらも、「思い込み」を捨てて変化して行くことが必要です。

富士フィルムはフィルムの会社でしたが、もうフィルムがメインではなく、素材や医療の会社に変貌を遂げています。ブラザー工業はもともとミシンの会社でしたが、今では電子機器の会社です。任天堂の始まりは花札の会社ですが、今は…など、挙げればきりがありません。企業が持続して成長していくには、変化するしかないのが分かります。

一方で、伝統や技術を持つ企業を外から見ていると、その会社にしかない「強み」があることが分かります。その強みを現在の消費者のニーズと合致させることができた企業が、生き残って成長していけるのだと思います。

技術はこう使うものだという「常識」や「思い込み」をやめて、現代の消費者に寄り添った製品に展開することで、多くの企業が成功しています。資産を活かしながら変わることで、その企業の未来は大きく拓けてくると思います。

## ❻ 流行には乗るべきか?

早読み▼メディアの情報は実は遅い。流行に惑わされず、自社の強みを活かしてオリジナルな商品を作ろう。

商品開発をする際には、どうしても現在流行っているものに目を奪われがちだと思います。
ヒット商品の例で言うと、アウトドアブームに乗ったキャンプ用品、夏に使う携帯型のファン(扇風機)や、コロナ対策のパーティション、アルコール消毒液のスタンドなどが挙げられます。
これらの商品はテレビなどのメディアでも取り上げられることが多いため、「流行っているなら、うちの企業でも作ってみようか?」と考える経営者の方も多いかと思います。自社で作れないような商品は別として、作れそうなものなら、つい参入してみたくなります。

しかし、現在流行っている市場に参入することは、3つの点で注意が必要です。

### ① 流行がいつまで続くか分からない

②　新規開発には時間が掛かる
③　参入企業が多く埋もれてしまう

同業他社も同じことを考えているわけで、参入しても既に遅いことが多いのです。ライバル企業も多く流行もいつまで続くか分かりません。

## メディアの情報は遅い

メディアの仕事は「今流行っている」情報を報道することです。一方で、メーカーの仕事は「潜在的なニーズを見つけ、他社に先駆けて商品を開発する」ことにあります。そもそも役割が違います。

多くの企業は、何年も前から新しい市場を開拓すべく新商品開発を行っています。新商品が発売され、ヒット商品になり、メディアに取り上げられるまでに数年のタイムラグがあることも珍しくありません。メディアの情報というのは非常に遅いのです。

今流行っている商品を後追いで開発する、ということは先行企業から数年遅れでスタートすることになります。

例えばキャンプ用品を開発するのであれば、既に多くの商品が市場にあふれているわけですから、よほどオリジナルな商品が求められます。例えば車部品を作っているメーカーであれば、「車の技術を活かしたキャリーカート」などは可能性がありそうです。

メディアの情報に惑わされずに、自社の強みを活かしながら、まだ開拓されていない新たなニーズを見つける必要があります。

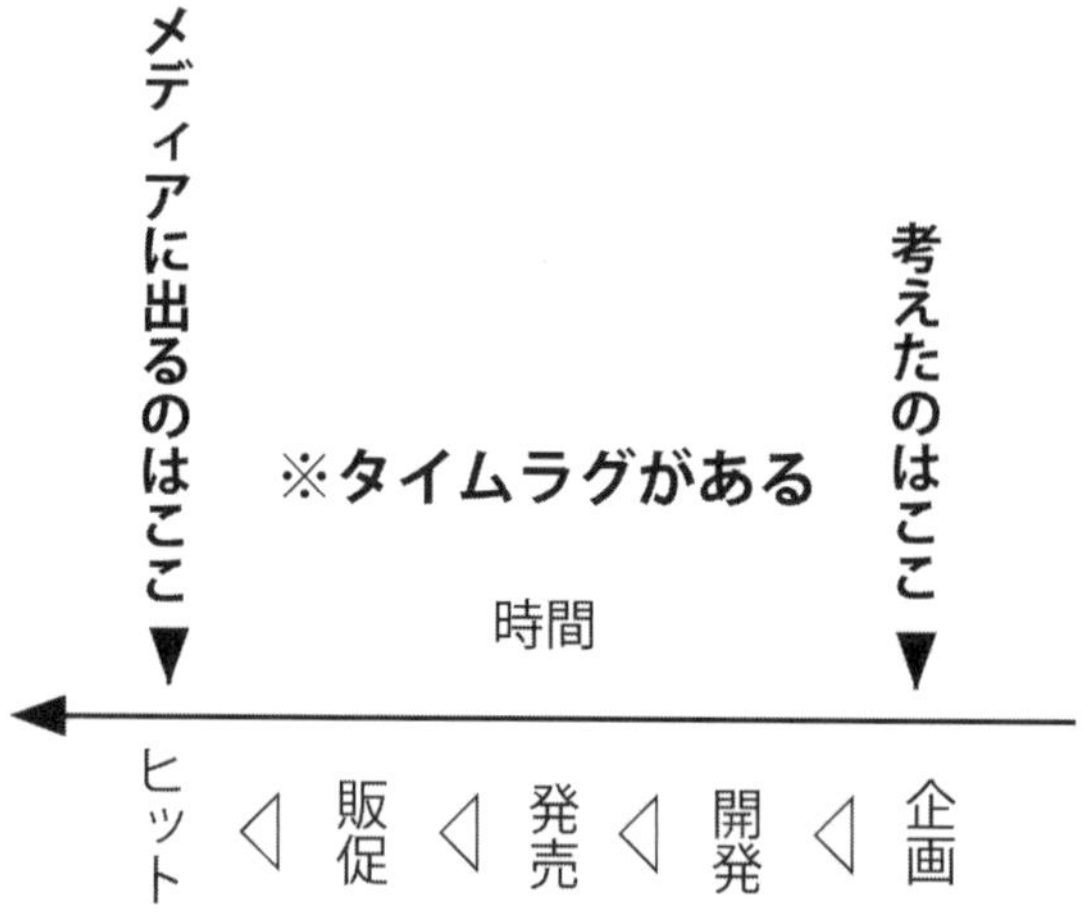


【メディアの情報は実は遅い】

事例紹介

# ツカサ工業株式会社

## 未来に続く『きれい』のDNA

■企業紹介

食品業界を中心にした粉体関連の機器・システム・プラントを製造・販売。食品粉体輸送設備で国内トップクラス。これまで培った技術をベースに、薬品・化学品・電機電子分野への販売拡大を目指している。

■お話を伺った方の紹介

代表取締役社長　加藤　康弘　様

愛知県半田市に本社を構えるツカサ工業株式会社は、食品機器を製造・販売しているメーカーです。特に「粉体」関連の機器に強く、食品粉体輸送設備では国内でトップクラスのシェアを獲得しています。

「粉体」というのは小麦粉や砂糖、塩、澱粉など粉末状原料のことです。国内大手の食品メーカーとの取引が多いことから、実は誰でも一度は同社の機器で処理された食品を食べていることになります。

さて、同社の製造する機器は食品を扱う機械であるため、衛生面には特に配慮が必要です。読者の方も「食品に異物が混入して何十万個の○○が回収された」というようなニュースを耳にしたことがあるのではないでしょうか。大量生産の食品に異物が入れば大問題になります。そのため同社の機械は製造工程においても徹底的に衛生面が管理されています。

## 「きれい」がポリシー

私が同社の工場を訪れて最初に驚いたのが工場の「きれい」さでした。

次ページの写真は同社の本社工場ですが、非常に明るく衛生的で、空調も効いており、今まで見た工場の中では一番きれいな印象でした。加工機械も整然と整理・整頓されており、もちろん工場にはチリ一つ落ちていません。

これは、「食品を作る機器の工場は、徹底的にきれいであるべき」という同社のポリシーの現れです。これは創業当時からの同社の一貫したポリシーであり、社員には徹底的に教育されています。

【本社工場内部】

【社員食堂】

しかも工場だけではありません。下の写真はどこかのホテルのレストランか、と思う方もいるかと思いますが、実はこれは同社の社員食堂です。社員に健康的な食事をとってもらいたいという思いで、2021年に社長の加藤氏の発案で作られました。ちなみに野菜は食べ放題だそうです。

食品を扱う企業なので工場がきれいなのは分かりますが、社員食堂もレストラン並みのきれいさです。同社の「きれい」へのこだわりは徹底しています。

## 汚れない、汚さない、汚れても掃除が簡単

さて、同社の機器開発について見てみたいと思います。機器開発のキーワードは、「汚れない、汚さない、汚れても掃除が簡単」という言葉です。

食品加工工程において「汚れ」は最大の敵ですから、食品が汚れないような機械を作り、機械自体が食品工場を汚さないようにし、例え機械が汚れても簡単に掃除ができるように始めから設計しているのです。

その一例として同社の代表的な商品**「自動開袋システム」**をご紹介したいと思います。この機器は、今まで人力に頼っていた粉袋の供給・異物除去・開袋を全て自動で行う装置です。

自動開袋システムに粉袋が自動で供給されると、まず高圧エアーシャワーで粉袋についた粉塵や異物を除去し、集塵します。その後、粉袋は開袋装置に送られ自動で開袋されます。

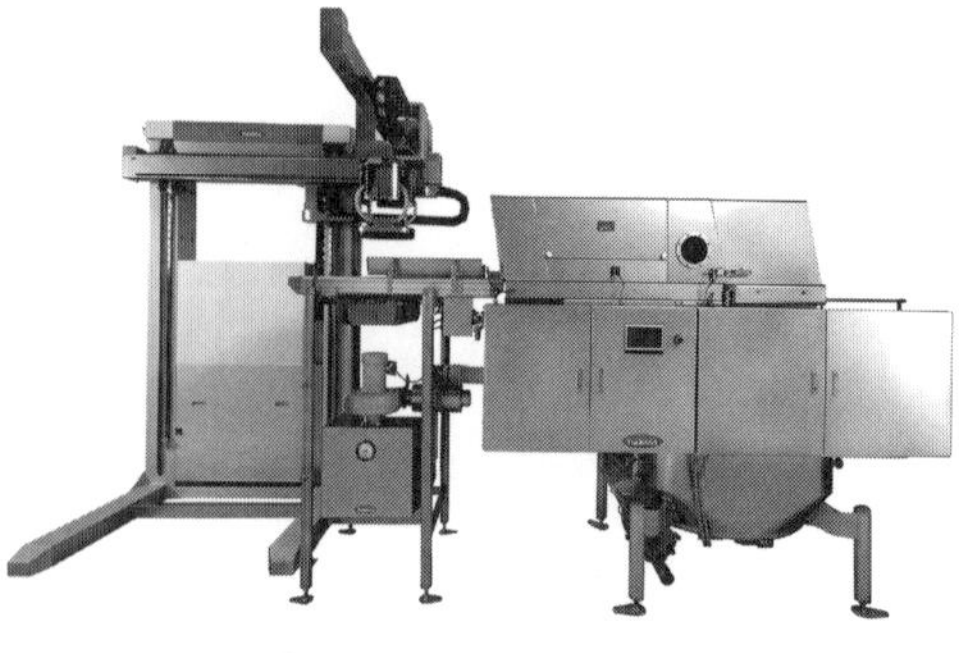

【自動開袋システム】

つまり、粉袋を開ける際に人手を介さないので、毛髪等の異物が混入するリスクが大きく低減されるのです。

また、機械内部も非常に清掃しやすい設計になっていて、例え汚れても簡単に清掃できるようになっています。

最近は労働力不足から、食品工場の省力化、無人化が進んでいます。「自動開袋システム」は、省力化、無人化に貢献しながら、食品加工工程の「きれい」を追求できる非常に優れたシステムになっています。

## 機器の細部まで「きれい」にこだわる

同社の「きれい」へのこだわりは、同社が製造する機器の細部にも表れています。写真の**「パウミキサー」**は粉体をソフトに混合仕上げする機器です。ご覧になって分かるように、タンクの部分はステンレスのつなぎ目のほとんど見えない一体型の作りになっていま

【パウミキサー】

す。実際に近くで見ても、どこにつなぎ目があるのか分からないくらいきれいな仕上がりになっています。

これには機能的な理由があって、つなぎ目を極力滑らかに仕上げることで、混合する粉体が中で滑り落ちやすいようにしているのです。もちろんこうするためには、設計も複雑になり、製造コストも上がってしまいますが、同社の機器の随所に、このような「きれい」へのこだわりが見られます。

## グッドデザイン賞を受賞

写真は2021年度のグッドデザイン賞を受賞した同社の新製品**「ディバイダースケール・ハイブリッドCEモデル」**です。

投入した小麦粉などの粉を、異物を除去しながらストックして、かつ1g単位まで正確に計量できる機器です。

【ディバイダースケール・ハイブリッド CE モデル】

この商品は主に欧州市場の安全基準（CEマーク）に準拠した仕様で設計されており、旧来の製品から安全面や衛生面、操作性など100ヵ所以上を見直した製品です。ご覧になって分かる通り、非常にすっきりとしたオールステンレスのシンプルなスタイルとなっており、グッドデザイン賞の審査員からも大変好評を得ることができました。

食品機器業界は、「機能優先でデザインは二の次」と考えるメーカーが多いのが現実です。しかし、同社は機能もデザインも両方を追求し、グッドデザイン賞の獲得に至りました。食品機器では非常に珍しいケースであり、業界からも大いに注目されています。

また、この新機種の開発においては、プロダクト製品開発のお手本となるような開発ステップを踏みながら開発を行ったことが大きな特徴です。

現行製品の課題の把握から始まり、アイデア展開、商品コンセプトの策定、アイデアスケッチ、原寸大のモックアップ、そして最終的には社内のプレゼンテーションを経て、グッドデザイン賞出展用の機器が完成しました。

このように製品開発のステップを多く踏むのは非常に時間が掛かるのですが、ステップごとに開発の課題を確認しつつ、その課題を解決しながら進められるので、結局はトータルでの開発時間の短縮になります。

逆に、課題の確認や商品コンセプトが曖昧なまま開発を進めると、最終段階で経営層の許可が下りずに開発がやり直しになったり、最悪は開発自体が中止になったりすることがあります。そうなると、そこまで費やしてきた労力や時間は無駄になってしまいます。

**【製品開発ステップ】**

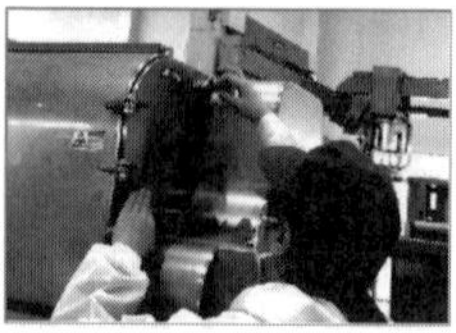

ステップ①
・現行機の課題確認

▼

ステップ②
・アイデア展開
・商品コンセプト

▼

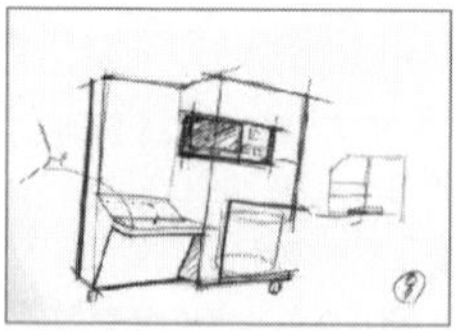

ステップ③
・アイデアスケッチ

▼

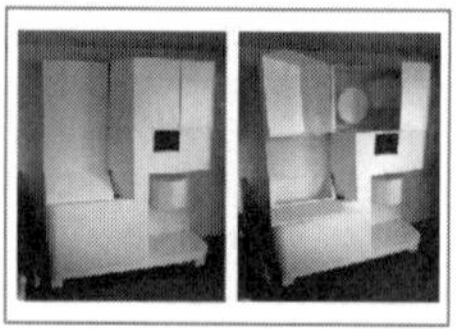

ステップ④
・1/1 モックアップ

▼

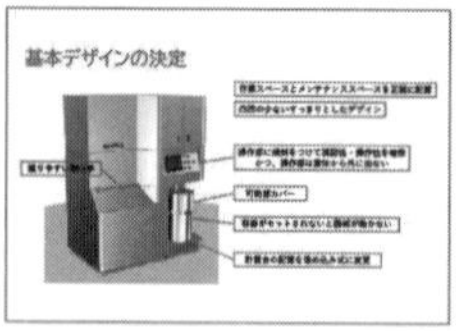


ステップ⑤
・プレゼンテーション

今回はグッドデザイン賞受賞まで上手く繋がった開発でしたが、将来的には海外の有名なデザイン賞も狙っていきたいとのことです。

## デザインと人への投資

同社では、2021年から社員を大手デザイン事務所に派遣して、デザイン研修を受講しています。グッドデザイン賞の受賞もそうした活動の成果の一つです。

対象は主に技術部の若手・中堅の設計者で、デザインの基礎から、スケッチ技法・アイデア発想法・商品企画の手法まで幅広く学んでもらっています。

今後同社製品にデザインを順次導入していくにあたって、最初は外部のデザイナーの支援を受けながらも、将来的には自社の社員が設計もデザインも両方できるようになることが目的です。

デザイン研修では、まず「デザインとは何か？」を学ぶことか

【デザイン研修の様子】

らスタートします。一般的にはデザインは「外観を美しくすること」と捉えられがちです。しかし、同社の製造する機器には、外観の美しさだけではなく、産業機械ならではの要件が求められます。

- （女性でも高齢者でも）誰でもが扱いやすく設計されているか
- 使う人が危険になるような箇所は無いか
- メンテナンスはしやすいか
- 清掃性は高いか
- 人間工学的配慮はなされているか　など

外観の美しさとこれらの設計要件を同時に満たしながらデザインを行っていくことは非常に大変ですが、同社では設計者がデザインを学ぶことで、設計とデザインを高い次元で両立させることを目標としています。

現在までに約8名のデザイン研修を終えており、今後このメンバーが中心になって同社のデザイン部門をリードして行くことになります。5年後10年後に同社からどのような機器が生まれてくるのか楽しみです。

## 一品一様で、お客様に感動を与える製品を提供

同社の機械は標準的な仕様はあるものの、基本的にはお客様の要望に応じて一品一品を手作りして仕上げていく「一品一様」が基本となっています。

お客様の要望は様々であり、例えば工場の設置スペースに合わせて機器のサイズを変更したり、扱う粉の種類に合わせて機器の仕様を変更したりなど、お客様の要望を伺いながら細かい調整を行っていきます。

お客様のためにとことんこだわって、「一品一様」の製品を開発できる所が同社の最大の強みとなっています。社長曰く

**産業機器業界のフェラーリになりたい**

とのこと。広く知られているように、自動車ファンの憧れであるフェラーリは、世界中のお客様の要望に合わせて、一品一様の究極のカスタマイズを行っています。同社も基本的な考え方は同じで、一品一様の究極の製品を提供することで、「お客様に感動を与えたい」のだそうです。

「きれい」にこだわり、「一品一様」にこだわり、「デザイン」にこだわる同社から、今後業界をリードし感動を与えるような新製品の誕生を期待したいと思います。

# Ⅳ

# 商品コンセプトを作る

商品コンセプトは「指針」。しっかり守りながら開発を進めよう。

よく見られる商品開発の失敗例は「コンセプトを決めずに、商品アイデアを担当者の直感のみに頼る」ことです。コンセプトは開発に関わるメンバー全員が共有すべき開発の「指針」です。成功事例、失敗事例など企業事例を取り上げながら、コンセプトの作り方、運用方法などを解説していきます。

# ❶ 商品コンセプトとは？

**早読み▼ 商品コンセプトは「旅の目的地」。目的地がはっきりしていれば、道に迷わないで済みます。**

「商品コンセプト」という言葉を聞いたことがあると思います。コンセプトは日本語では「構想」と訳せます。つまりは「商品の構想」という意味になります。

人によっては「コンセプトなんて必要なのか？」「あってもなくても同じなのでは？」と思う人もいるかもしれません。でも、次のように考えればコンセプトは必要と思ってもらえると思います。

## コンセプトは「旅の目的地」

例えば皆さんがどこかへ旅行するとします。多分最初に考えるのは「どこへ行こうか」という目的地ではないでしょうか？　目的地が決まれば、スケジュールや移動手段、費用、誰と行くか、行って何をするか、など考え始めます。この時が一番楽しい時間です。

**商品開発も実は同じです。まず決めるのは「目的地」です。**

例えば雑貨開発をするとすれば、どんな商品を作るのかという目的地＝目標を決めなければいけません。それが決まったら、旅と同じようにスケジュールやコスト、開発メンバーなどを決めていけば良いのです。

一方でこの「目的地」がはっきりと決まっていないと、商品開発の初めから躓くことになります。曖昧な目的地＝目標のままでは、スケジュールもコストも人員も右往左往することになりがちです。もしかしたら、**迷いに迷った結果違う目的地に着いてしまうかもしれません。**

「コンセプト＝旅の目的地」と考えて下さい。目的地がはっきりすることで、今やるべきことがはっきりと見えてきます。

# ❷ コンセプトは5W1Hで作ろう

**早読み▼コンセプトは5W1Hで作ろう。商品開発の「目的地」がはっきりと見えてきます。**

5W1Hはその商品が、何を、どのように、誰が、いつ、どこで、なぜ使用してくれるのか?をはっきりさせることです。5W1Hの順番は次の通りです。順番を間違えると分かりにくくなるので気を付けましょう。

①**何を（What）**＝商品名です。

②**どのように（How）**＝どのように使うのですか?

・ここまでは商品の属性ですので、すんなりと決まると思います。

③**誰が（Who）**＝ユーザーは誰?

・大事なポイントです。誰に使ってほしいのかによって、商品の仕様が大きく変わってきます。性別、年齢、趣向などターゲットユーザーをはっきりとさせて下さい。

④**いつ（When）**＝どんな時に使いますか?

⑤**どこで（Where）**＝どこで使いますか？

・④⑤は使用シーンです。どういった場面で使うのか、をはっきりさせます。

⑥**なぜ（Why）**＝なぜそれを使うのですか？

・一番大事なポイントです。競合製品と比べて、なぜユーザーがその商品を選んでくれるのか？**ストロングポイントをはっきり**させて下さい。ここが曖昧だと市場で売れない商品、注目されない商品になってしまいます。

## ❸コンセプトはA4の1枚で

**早読み▼5W1Hで考えたコンセプトは、A4の1枚の紙にまとめましょう。短い方がコンセプトがはっきりとします。**

開発チームで商品コンセプトが固まってきたら「コンセプトシート」を作成しましょう。作成の目的は、コンセプトを開発チームで共有し、今後の開発方針がぶれないようにするためです。開発途中で方向性に迷いが出たり、疑問点が出たりしたらコンセプトシートに立ち戻って方向性を再確認します。
コンセプトはA４用紙１枚にまとめましょう。何十枚もあるコンセプト資料を見たことがありますが、はっきり言って読むのがつらくなります。コンセプトは商品開発の方向性だけを示せばいいので、できるだけ短い方が良いのです。

**【コンセプトシート】**　　Date:　　/　/

| | |
|---|---|
| 商品名<br>(What) | |
| どのように<br>使うのか？<br>(How) | |
| 誰が<br>使うのか？<br>(Who) | |
| いつ<br>使うのか？<br>(When) | |
| どこで<br>使うのか？<br>(Where) | |
| なぜ<br>使うのか？<br>(Why) | |

＊まとめ

| | |
|---|---|
| ユーザー<br>メリット | |

## ❹アイデアの出し方

早読み▼コンセプトを決める際は、なるべく多くの人のアイデアを持ち寄って、その中から「光る」アイデアを見つけよう。

商品コンセプトを固める際には、様々な人のアイデアを持ち寄り、その中から最適なものをプロジェクトリーダーが選択してまとめていきます。商品コンセプトを決める際は、なるべく多くの人の様々な経験からアイデアを出してもらい、その中から光るアイデアを見つけることが大事です。

### ポストイットを使って多人数で行う

例えばキャンプ用品の開発を行うとして、自分一人の発想ではアイデアが限られてしまいます。ある人は家族で行くでしょうし、ある人はソロキャンプが好きかもしれません。近場のキャンプ場が好きな人もいるでしょうし、山奥が好きな人もいます。あるいはグランピングがお気に入りの人もいるでしょう。多人数になればなるほど、アイデアの範囲が広がりアイデアの数が増えます。

## アイデアは質より数

初期のアイデア出しでは、アイデアの質よりも、とにかく「数を出す」ことに集中します。数を出す際に有効なのが「ポストイット」を使う方法です。「ポストイットって、あの壁にペタペタ貼るやつか。見栄えは良いけど本当に効果あるのか？」と思う方もいるかもしれません。

しかし効果は確実にあります。今まで多くの商品開発を行ってきましたが、**キーになるアイデアは、必ずこのポストイットのアイデアの中に含まれている**ことがほとんどでした。多人数で行うアイデア出しというのは、「自分の考えていなかったアイデア」を発見できる貴重な機会です。

# ❺エクスカーション法

**早読み▼エクスカーション法は、種類の違う言葉を掛け合わせてアイデアを出す方法。コンセプト作りに活用しよう。**

初期のアイデア出しでは、紹介したようなポストイットを使う方法や、ブレーンストーミングと言って、開発メンバー数人が集まって短い時間に多くのアイデアを出し合う方法、などがよく行われています。

そのアイデア出しの方法の一つとして**「エクスカーション法」**というものがあります。あまり一般的ではありませんが、アイデア出しに困った際に使うと意外と面白いアイデアが出てきやすい方法です。ぜひ一度試していただきたいと思います。

**エクスカーション法は、言葉と言葉を掛け合わせて新しいアイデアを出す方法のことです。**例えば、新しいボールペンのアイデアを考えるとします。普通に考えると、「インクが長く使えるボールペン」「高級なボールペン」「自然素材でできたボールペン」などが良く出てくるアイデアだと思います。しかし、こういったよくあるアイデアは他社も考えているので新鮮さがありません。

## 違う種類の言葉を掛け合わせる

そこでエクスカーション法を使ってみます。「ボールペン」というアイテムに掛け合わせる言葉は、「動物」の中から選びます。なぜ動物かというと、掛け合わせる言葉はなるべく遠く離れている言葉の方が新しいアイデアが出てきやすいからです。では早速やってみましょう。

**① 手元に名刺サイズくらいの10枚のカードを用意します。**
**② カードにはそれぞれ動物の名前を書いておきます。「ゾウ」「キリン」「ウサギ」など人気の動物の名前を書きます。**
**③ 次にアイデアを出すメンバーそれぞれにカードを引いてもらいます。例えばAさんが「キリン」を引いたとします。「ボールペン」×「キリン」でアイデアを考えてもらうのです。**

本来2つの言葉は関係のない言葉ですので、ここで脳が活性化されます。「キリン」から連想される言葉は？「首が長い」「葉っぱを食べる」「柄がある」「アフリカ」「草原」「哺乳類」など色々ありますね。ボールペンと掛け合わせて考えてみましょう。

・**首の長いボールペンとは？**
・**柄のあるボールペンとは？**
・**草のようなボールペンとは？**

想像力を豊かにして頭をできるだけ柔らかくしてアイデアをひねり出してみて下さい。時間としては1時間くらいでアイデアが出るだけ出してみます。一人がキリンなら、ほかの人はパンダ・イヌ・ウサギというように、各人バラバラの言葉でアイデア出しをします。

すると、今までのよくあるアイデアとはかなり違ったアイデアがたくさん出てくるはずです。もちろんアイデア全部が使えるわけではありません。数をたくさん出すことが大事です。そのたくさんアイデアの中に、必ず「これは使えそうだ！」というものがあるはずです。ぜひ挑戦してみ

て下さい。

例えば、先ほどの「ボールペン」×「キリン」のアイデアであれば、私なら「長くて柔らかい、手首に巻いて使うボールペン」を考えます。手首に巻くことで、長く使っても疲れない受験生用のものが作れそうです。

## ❻ネーミングを先に作ろう

**早読み▼ネーミングを先に作るとコンセプトがはっきりする。**

「名は体を表す」と言いますが、商品の名前は売れ行きを左右する重要な要素です。ネーミングは開発の終盤で決めていくことが多いのですが、コンセプトを考える際に、一緒にネーミングをまず考えてみるのもありだと思います。

## ネーミングは一番短いコンセプト

ネーミングはその商品のコンセプトを一番短い言葉で表すものです。ネーミング＝コンセプトと考えてもらっても間違いありません。

例えばｉＰｈｏｎｅは「自分の電話」、プレイステーションは「遊ぶ基地」です。車のプリウスはラテン語の「先駆けて」という意味です。どれも商品の名前を的確に表していることが分かります。

先ほども紹介したコクヨの「カドケシ」は、最初は「カドケシゴム」というネーミング案だったそうです。それをカクカクしているイメージにということで「カドケシ」となったそうです。商品がイメージできる優れたネーミングだと思います。

ネーミングを開発の最初の段階でつけることで、その商品の狙い＝コンセプトがはっきりします。ぜひ一度試して見て下さい。

# ❼ 20％・80％の法則とは？

**早読み▼商品開発の最初と最後が成否を分けます。特に、開発の最初の2割、そして最後の2割はデザイナーを活用しよう。**

物事の最初と最後、つまり0から20％までと、80から100％までの工程はその物事の成否を決める、ということが言われます。「最初が肝心」「終わりよければ全てよし」という言葉の通りです。

商品開発も同じで、開発の初期と終盤は商品が成功するかどうかを決める重要な段階です。初期の頃の「どういった商品を作るか」のコンセプト次第で、結果が大きく変わります。終盤の頃の商品の仕上がり具合や不具合のあるなし、ディテールの仕上げ、あるいはパッケージや販売促進の方法も大変重要です。

## 最初と最後はデザイナーを入れる

そこで企業の開発担当の方にお勧めしたいのは、開発段階の最初と最後は必ず外部のデザイナーに入ってもらってアドバイスをもらうことです。

外部のデザイナーであれば多数の事案に関わってきており成功事例も失敗事例もたくさん見てきています。特に失敗事例の経験があることは重要で、どこが原因でその開発案件が失敗するのか、一定の法則を知っているのです。失敗の原因の多くは最初と最後の段階にあることもよく知っています。

開発の全工程に外部の専門家が関わると、時間と費用も掛かってしまいますが、部分的であればそれも抑えられます。ぜひ効果的に外部人材を活用して下さい。

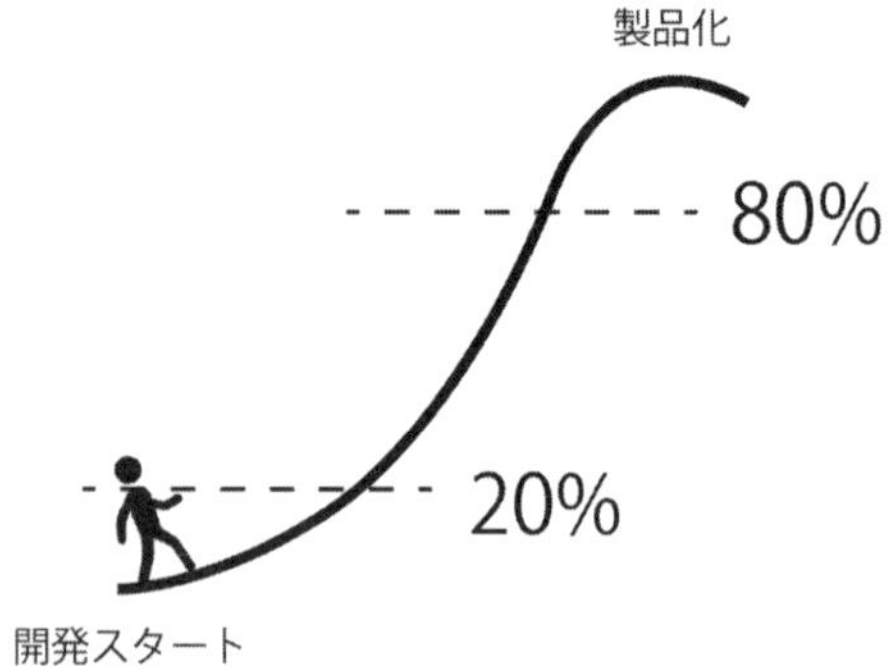

# ❽ コストはコンセプトで決まる

**早読み▼コストはコンセプト次第で劇的に下がることもあります。**

デザインをすればするほど製品のコストは上がるものだ？　と思い込んではいないでしょうか？　確かに車を見ても分かるように、高級車のように凝ったデザインにすればするほど製品価格は比例して上昇していきそうな気がします。

## コンセプト次第で、コストは劇的に下がる

結論から言うと**製品コストは「コンセプト次第」です。**

ある企業で学校用の電子機器をデザインしたことがありました。最近では教育現場でもデジタル化が進んでいて、電子教育機器が多数導入されています。当初はその機器は「フルスペック」で開発しようとしていました。盛り込める機能は全部入れて、高性能高価格で商品化しようとしていたのです。

しかし、途中で開発は中止となりました。現場の営業マンから「それでは不要な機能が多すぎる」「予定価格が高すぎる」「女性はマニュアルを見ないし、難しい機能は使わない」など、高機能・高性能のコンセプトに対して、NGが出てしまったからです。

結局コンセプトは大きく変更され「女性にも使いやすい、シンプルで低価格な機種」になりました。結果的には、商品は大ヒットとなり、その企業の収益を支える看板商品となりました。製品コストは当初の高性能機種の1／3です。当初のまま販売していれば、おそらく市場で受け入れられず失敗作に終わっていたと思います。

設計者は特に技術への思い入れが強いので、「フルスペック」「高性能」にこだわりがちです。しかしそれは本当にユーザーが求めていることなのでしょうか？　コストを掛ければ高性能の製品は作れます。デザインも豪華にできるでしょう。しかし売れなければ全くの自己満足で終わってしまいます。

コンセプト次第で、コストとデザインは大きく変わります。

事例紹介

株式会社 日本シューター

# デザインは技術革新を生む

■企業紹介
病院内自動搬送設備の設計開発、医療廃棄物処理、ＯＡフロア、通所介護のデイサービスなどの事業を手掛ける。搬送したい物を専用のカプセルに入れ、空気の正圧または負圧による空気の流れを利用して搬送する搬送装置「気送管」や、自動走行で物を搬送する「院内搬送ロボット」を主力製品としている。村田機械株式会社のグループ企業。

■お話を伺った方の紹介
常務取締役・技術本部長 赤堀 幸博 様

株式会社日本シューターは、1952年に空力を利用した搬送設備である気送管メーカーとして創業しました。国内トップシェアを誇る病院内自動搬送システムを始め、日本初の循環型医療廃棄物システムや、最先端の介護予防デイサービスの運営などを行っています。

病院内の自動搬送システムの代表的なものが、「気送管システム」です。搬送したい物を専用のカプセルに入れ、空圧による空気の流れを利用して搬送する搬送装置のことです。

紹介する「エアーシューターAS

【気送管システム】

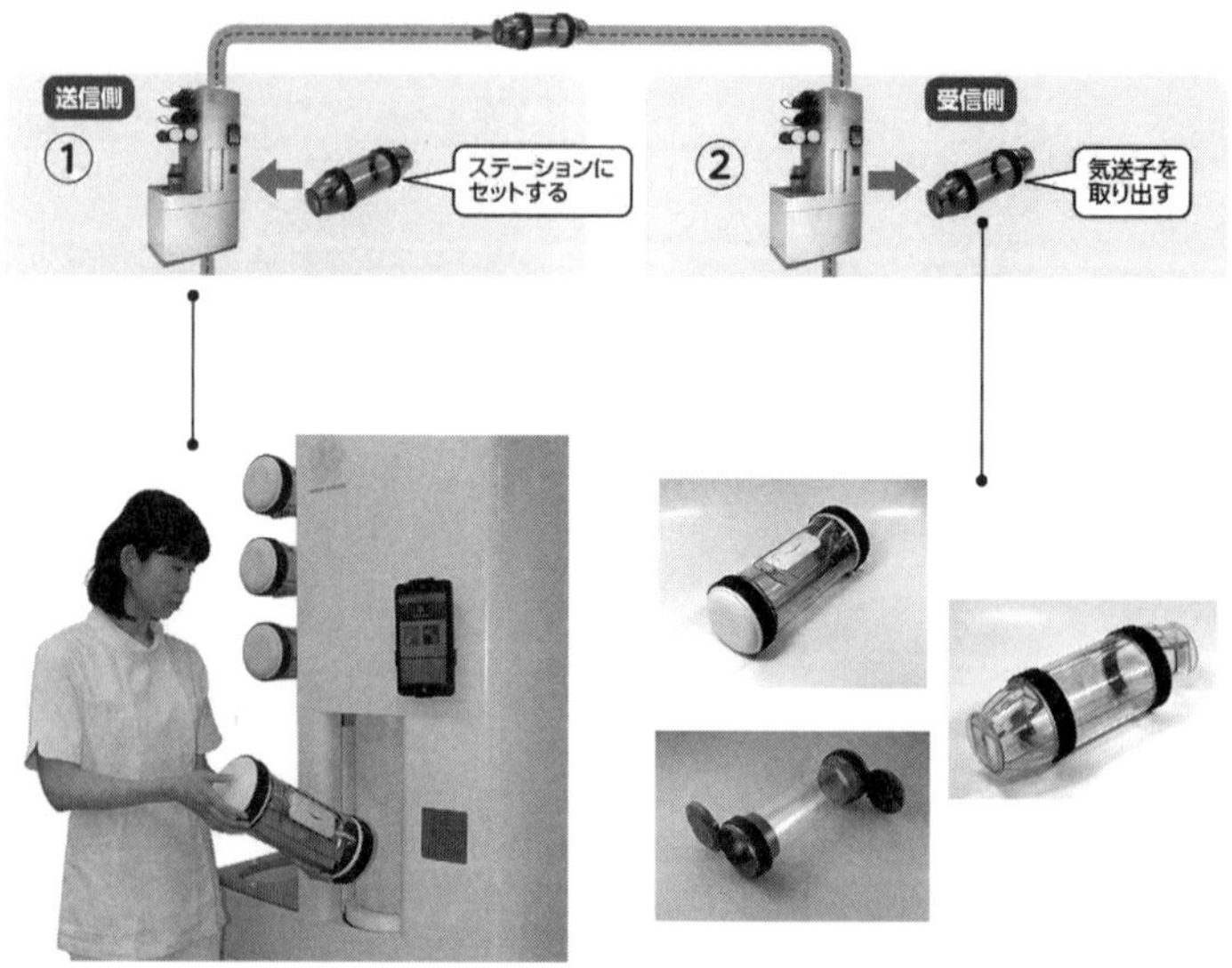


エアーシューター ASN-3

カプセル（気送子）

「N-3」は、病院内で臨時、緊急の検体・薬剤等を高速・安全に搬送できる気送管システムの設備です。

エアークッション機構と呼ばれるカプセル（気送子）をソフトに受け取る機構や、到着したカプセルがそのまま横にスライドして排出されて人が屈まずに取り出すことができる機構など、搬送物と人に優しい設計となっています。

搬送物の重量は3～5Kgまで、搬送速度は約120m～360m／分となっており、病院内での検体・薬剤等を高速かつ安全に搬送するには欠かせないシステムとなっています。

## デザインの役割について

ここで、同社が機器を開発する際の「デザインの役割」についてお聞きしました。

「デザイン」という言葉は、一般的に色や形等の「外観」の意味ですが、同社の認識は異なります。デザインは**「製品コンセプトをお客様に示すもの」**と捉えています。「製品コンセプト」はお客様への付加価値提供であり、デザインはその付加価値をお客様に示すものである、という考え方です。

例えば車の例で言うと、車自体は移動手段なので、どのような車であれ、共通の価値は「移動できる」ということです。しかし世の中に多種多様な車があるように、付加価値は車ごとに違っています。例えば、ミニバンは「家族で楽しむ」という付加価値があり、スポーツカーは「ツーリングを楽しむ」という付加価値があります。この付加価値をデザインで表現すると、ミニバンとスポーツカーではデザインが大きく異なってきます。これが「付加価値をデザインで示す」ということです。

## 製品開発のプロセスについて

設計とデザインは「鶏と卵」の関係に似ています。設計を優先させるとデザインが犠牲になる場合があり、デザインを優先させると設計が成り立たない場合が発生しがちです。

私の経験でも、設計が先に決まってしまうと、外観が悪くならない程度にデザインで「カバーリング（隠すこと）」をする、ということがありました。また反対に先にデザインを決めてしまうと、後になって設計が成り立たず、開発が停滞してしまうこともありました。設計とデザインはどちらが先か、というのは開発においては常に課題となります。

このような設計とデザインの関係性について、どのような方針で臨んでいるのかをお聞きしました。同社では**「設計」は仕様諸元により製品の性能を示すもの、「デザイン」は製品のコンセプトを示すもの**と捉えています。

赤堀氏によれば、一般的に製品開発のプロセスには2通りがあり、どちらの方法を取るかによってデザインも大きく変わってくる、とのことです。

## 製品開発プロセスⅠ

製品開発プロセスーの開発フローーは図の様になります。

**「コンセプト→仕様・諸元→設計→デザイン→製造」**の順に開発が進んでいくパターンです。設計主体型のプロセスです。

この場合、デザインは設計が終わった後に入るため、製品には以下のような特徴が現れやすいとのことです。

**製品開発のプロセスⅠ**
**（設計主体型プロセス）**

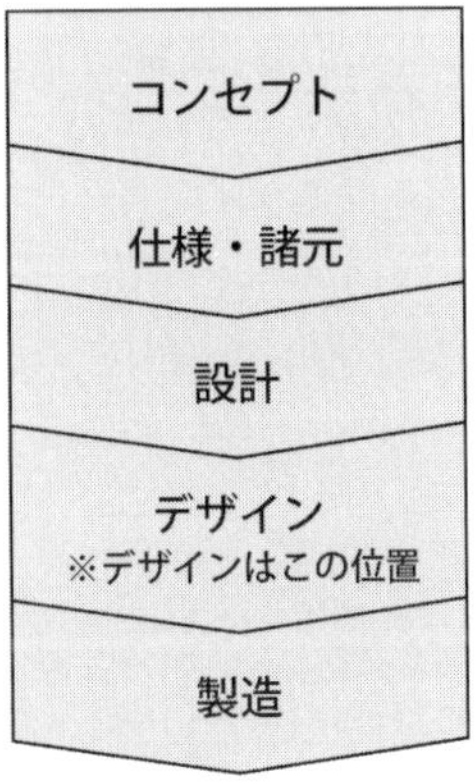

1. 従来技術の継承率が高い
2. 重量やサイズは同等
3. 外観のデザインだけになり、コンセプトが伝わりづらい

つまり、新製品ではあるものの、旧製品と比べても外観上の違いが少ない製品になります。

## 製品開発プロセスⅡ

これに対して、もう一つの製品開発プロセスⅡの場合は、**「コンセプト→デザイン→仕様・諸元→設計→製造」**の順に開発が進んでいきます。

最初にコンセプトを具現化するためのデザインが示され、そのデザインに合わせて、仕様・諸元、設計が決められていく順番となります。これであれば、製品コンセプトをダイレクトにデ

**製品開発のプロセスⅡ**
**（プロジェクトリーダー主体型プロセス）**

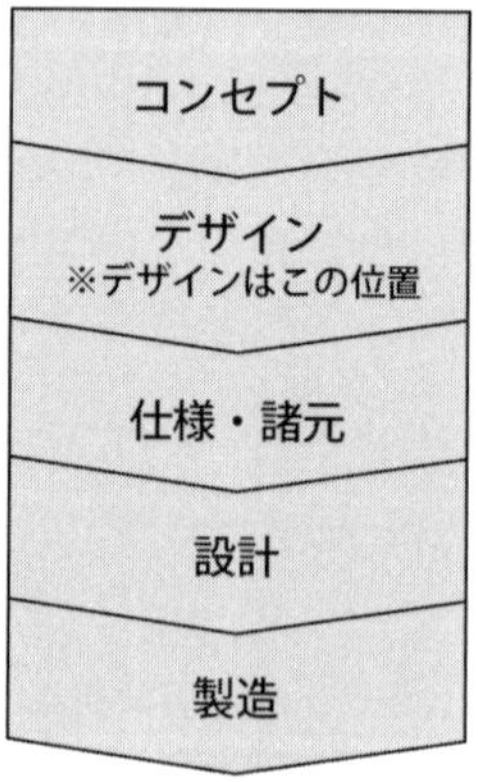


**デザインと設計の整合性は、**
**設計 DR の場で行う**

ザインに表現することができます。結果としてプロセスⅠとは異なる製品が期待できます。

この場合は、製品コンセプトを実現するために、プロジェクトリーダーが主体となり、リーダーシップをとって製品開発を進めていく必要があります。このパターンを採った場合は、以下の結果が期待できます。

**1. 新しい技術の導入**
**2. 重量やサイズの大幅な変更**
**3. コンセプトの外観のデザインへの反映**

プロセスⅠとⅡの違いは、**「デザイン」を開発のどの順序に入れるかの違い**です。製品コンセプトをダイレクトに表現しようとすれば、コンセプトの次にデザインを入れた方が良いということなのです。

ただし、プロセスⅡを採用した場合は、当然ながらデザインと設計との整合性に課題が出てきます。最初に示されたデザイン案を実現しようとすると、新しい技術や従来製品からの大幅な設計変更が必要になる場合があります。そのような時は、同社では設計DR（デザインレビュー）

の機会を頻繁に設けて課題解決を図っているとのことでした。

なお、プロセスⅠ、Ⅱのどちらか一方が優れているということではなく、**どちらのプロセスを選択するかは製品コンセプト次第**ということになります。

## プロセスⅡで大きく変わるデザイン

製品開発プロセスによりデザインが大きく変わる製品事例をご紹介したいと思います。

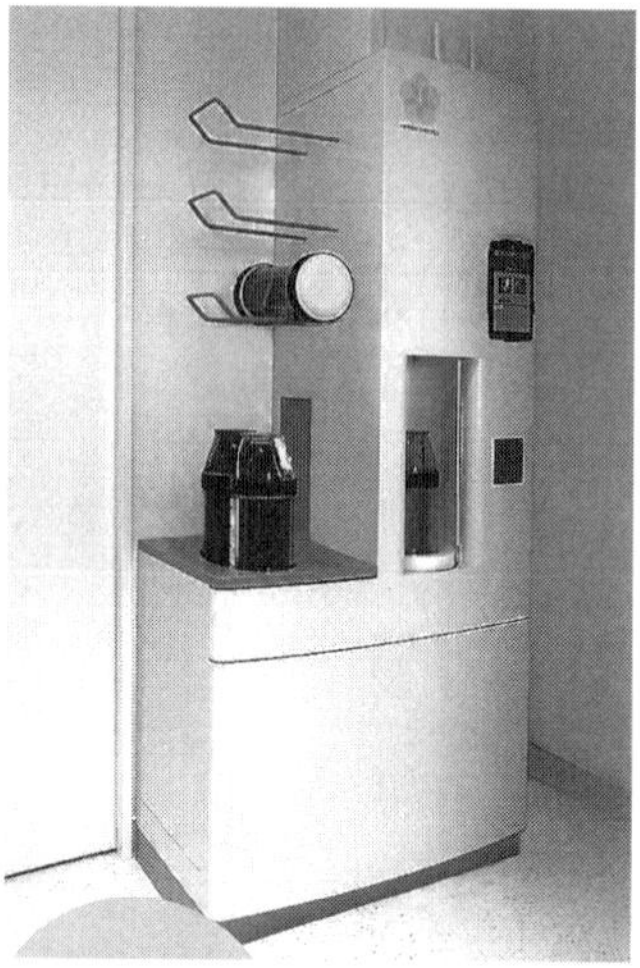

【エアーシューター ASN-3】

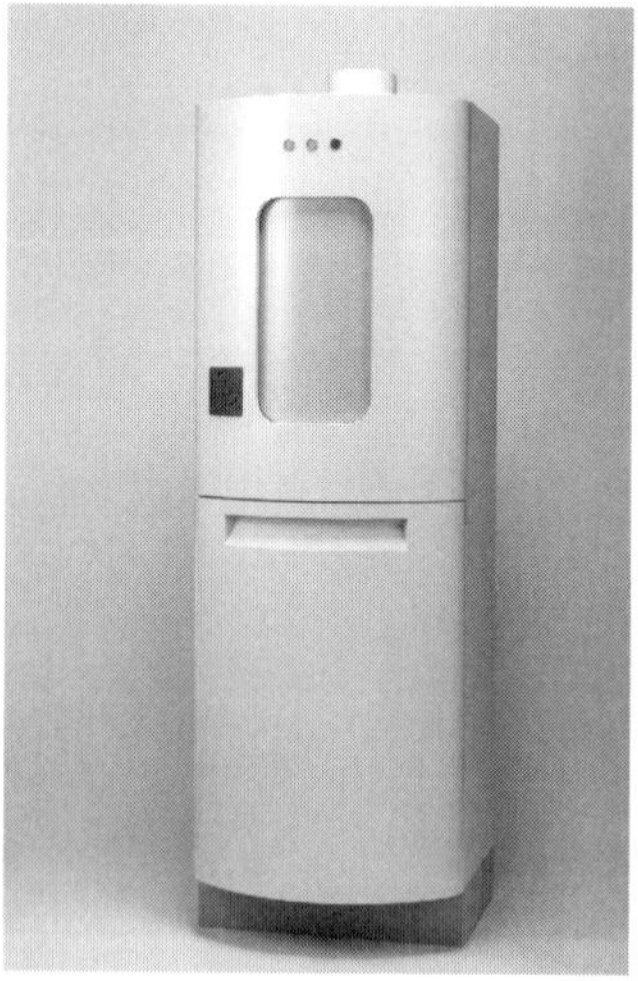

【エアーシューター MS-1】

写真は、どちらも「エアーシューター」です。上が先ほど紹介したASN-3という製品、下がMS-1という新製品です。MS-1の場合、製品開発は**プロセスⅡ**を採用し、デザインはコンセプトの次の早い段階で導入された製品です。

仕様が異なるため単純に比較はできませんが、同じエアーシューターながら、デザインの印象は大きく異なると思います。

## コンセプトは「ひとからひとへ」

両機種が大きく異なるのは、新製品のMS-1には本体に操作パネルが無いことです。

操作は全てスマートフォンで行います。

専用のアプリを自社開発しており、カプセルの送受信の情報はユーザー各自のスマートフォンに通知されます。

製品コンセプトは**「ひとからひとへ」**と

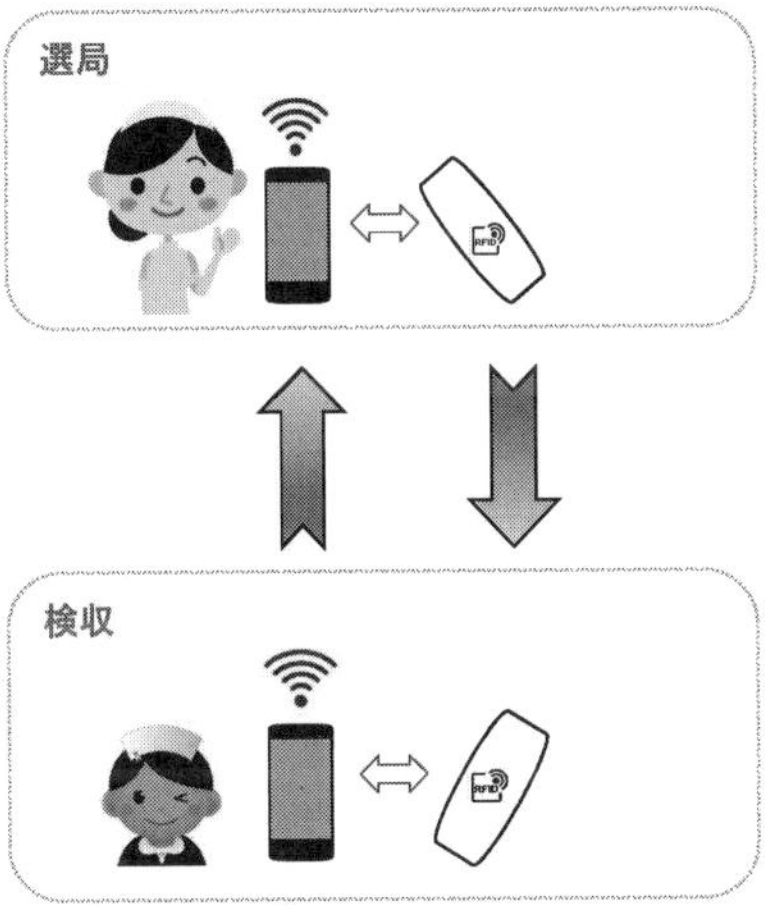


「人」に紐づいた搬送

【情報はスマートフォンで通知】

し、カプセルの送受信の情報を機器本体で管理する方式から、各ユーザーが持つスマートフォンで管理する方式へと、製品コンセプトを大きく転換しました。

製品コンセプトを変更したことで、機器本体から操作パネルがなくなり、機器のデザインもシンプルなものとなり軽量化、小型化に繋がりました。

この機器の場合は、「ひとからひとへ」とのコンセプトが最初に決まり、次にスマートな機器本体のデザイン、スマートフォンのアプリのデザインへと開発が進みました。

## デザインは技術革新を生む

同社の赤堀氏によれば、デザインによって誘発される技術革新の例として以下を挙げています。

1. 軽量化、小型化
2. 新技術の採用
3. 機構、構造の変更
4. コントロール方法の変更
5. 製作方法の変更

### 6. コスト低減

「デザインは技術革新を生む」という考え方は、設計サイドの負担が増えることになり難しい面もありますが、技術革新は企業にとっては他社との差別化を図る絶好の機会ともいえます。これはデザイン活用の理想的な形ではないかと思います。

## 日本品質で世界へ

同社の製品は、国内のみならず海外にも輸出されています。

同社では日本製品の高い信頼性と高品質を証明する印として、独自のマークをデザインして商標登録を行い、製品に表示しています。

マークのデザインは、日本らしく桜の花びらをモチーフにしたものです。このマークを

商標登録証
登録第５８５１９３２号
商標
指定商品又は指定役務並びに商品及び役務の区分
第　７類　荷役機械器具並びにその部品及び附属品，空気コンベヤー並びにその部品及び附属品，気送管コンベヤ並びその他別紙記載
商標権者　京都府京都市南区吉祥院南落合町３番地
株式会社日本シューター
出願番号　商願２０１５−１２４８７６
出願日　平成２７年１２月１８日
登録日　平成２８年　５月２０日
この商標は，登録するものと確定し，商標原簿に登録されたことを証する。
平成２８年　５月２０日
特許庁長官
伊藤　仁

【オリジナルマーク】

機器に付けることで、社員の間にも「日本製に恥じないクオリティにしないといけない」という意識が生まれたとのことです。

## ニーズはお客様の「困りごと」から得られる

ユーザーニーズについて、同社ではどのようにして得ているのかをお聞きしました。

赤堀氏によれば、ユーザーニーズは現場でお客様の**「困りごと」**をお聞きする中で得られることが多い、とのことでした。特に製品開発のリーダーは意識して現場に足を運ぶべきと言います。

製品の納入やクレームへの対処、展示会、商談会など、お客様と接する機会は、意識していればたくさんあります。そのような場所でお客様と会話をする中で、それとなく「困りごと」についてお聞きし、その中から次の製品のアイデアが生まれてくるとのことです。赤堀氏は、次世代を担う中核の社員に対しても現場へ足を運ぶことの重要性を説いています。

取材を終えて「デザイン」という言葉の意味について改めて考えさせられました。

デザインの大きな役割の一つに「仮説を提示する」ことがあります。まだ形になっていない将来の製品やサービスを、デザイナーは仮説を立てて、デザインすることができます。まず仮説を提示してからデザインを行い技術革新を誘発する、というのは理想的な形です。

株式会社日本シューターの開発姿勢は、この理想形を具現化したものであり、多くの企業が参考にすべきものと感じました。

# V

# デザイン開発の実践

前段階のステップをしっかりやれば、デザイン開発はスムーズに進む。

ここでやっとデザインの実践ですが、デザインにとって、開発に至るまでの下準備がいかに大切かを理解いただきたいと思います。この章では、実際の商品開発、デザイン開発に必要な取り組みを解説していきます。

# ❶デザイン開発工程について

**早読み▼デザイン開発工程は、1次スケッチ→1次モックアップ→2次スケッチ→レンダリング→最終モックアップ→プレゼンテーションの順。あせらず、順序を守り、ディスカッションしながら進もう。**

企画段階で商品コンセプトが固まったら、次にデザイン開発の工程に入ります。**デザイン開発はデザイナーだけではなく、設計も含めた開発チーム全員で行います。**

次ページにデザイン開発の工程を示しました。デザイン開発の工程と、開発途中で行うことを記してあります。この工程を行うにあたって、2点気を付けていただきたいことがあります。

①開発途中で上手くいかない場合が出てきます。そうした時は、開発チーム内でディスカッションを行い、必要であれば前の工程に戻って下さい。

②開発工程で製造コストを常に気を付けて下さい。高コストで商品化できないようにならないように、各工程でチェックする必要があります。

【デザイン開発工程】

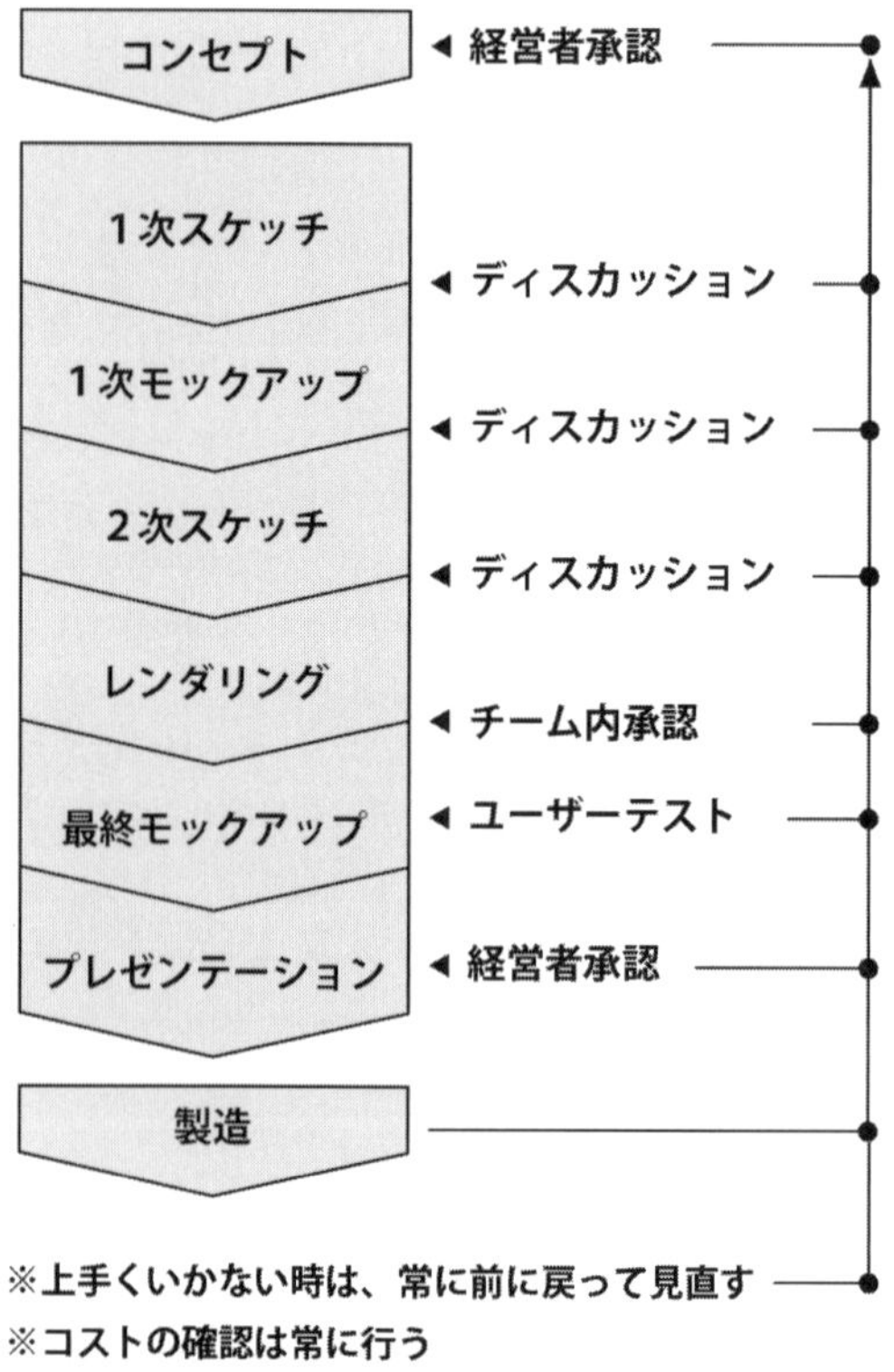

## ①　1次スケッチ

1次スケッチは、商品コンセプトを形にする段階です。商品コンセプトはあくまで「言葉」に過ぎません。これを開発メンバー全員が製品をイメージできる「スケッチ」にします。

1次スケッチの大事なポイントは、きれいに書くのではなく、あくまでもスケッチを数多く書くことにあります。

商品コンセプトは同じでも、デザインは色々考えられます。同じコンセプトの車でも企業によってデザインは全く異なることからも分かると思います。

1次スケッチが出揃ったら、壁に貼るなどして開発チーム内でディスカッションを行います。

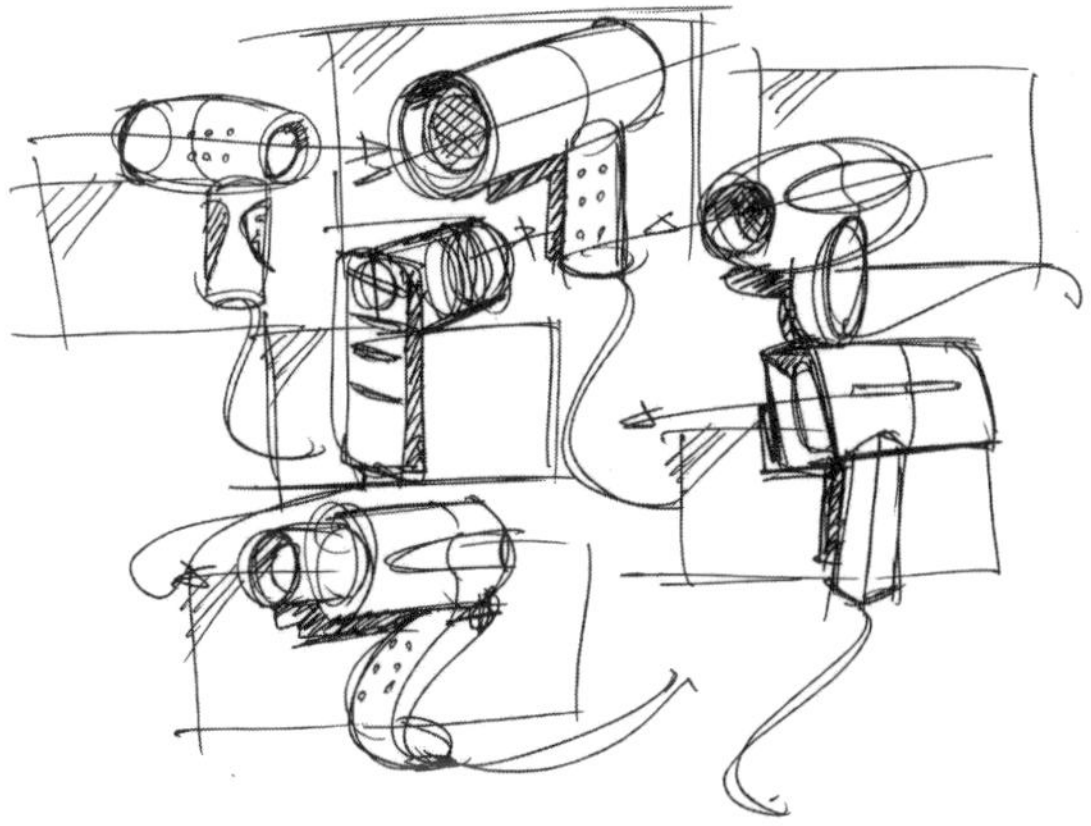

【1次スケッチ例（ヘアドライヤー）】

## ② 1次モックアップ

1次スケッチが終わったら、その中から有力な案を選択して、簡単な1次モックアップをぜひ作ってみて下さい。素材はスチレンボードと呼ばれる、発泡スチロールを紙でサンドした素材が一番適しています。

1次モックアップを作る目的は、サイズと使い勝手の確認です。スケッチだけでは実際の商品のイメージは掴めません。製品と同じサイズで確認することで、意外と大きかったり、使い勝手の悪い所が発見出来たりします。

チーム内で1次モックアップを見ながら改善点をディスカッションして下さい。

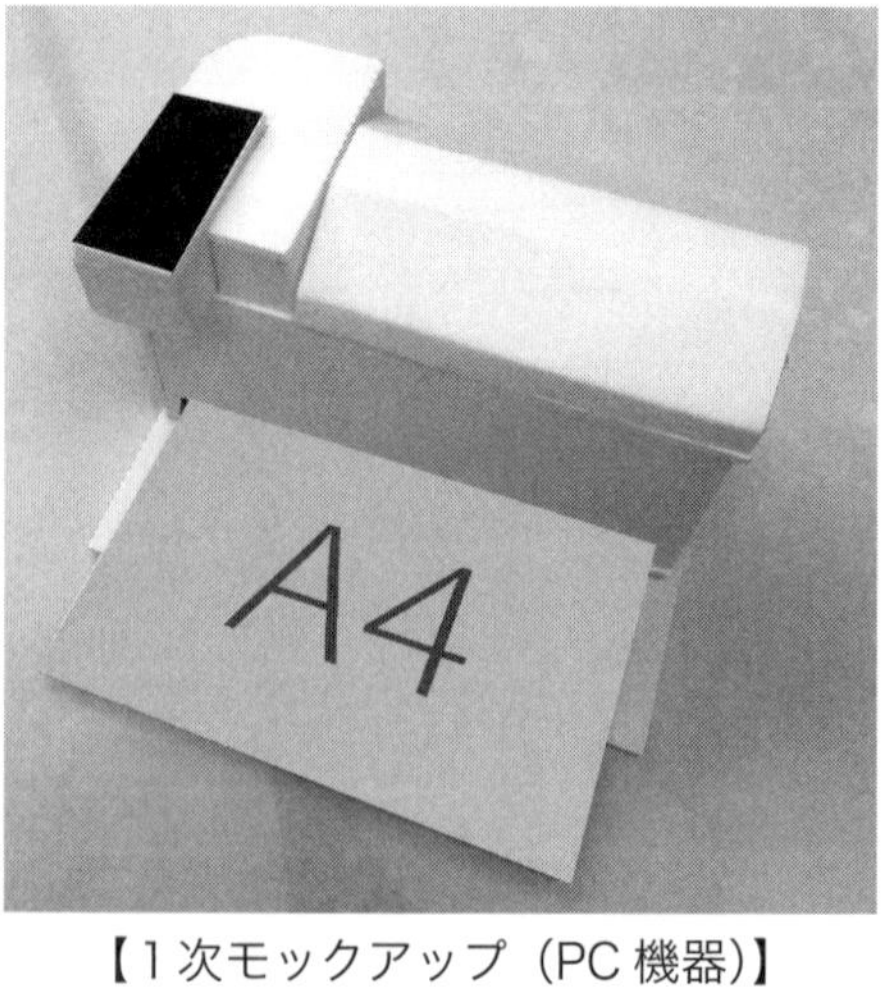

【1次モックアップ（PC機器）】

## ③ 2次スケッチ

2次スケッチでは、1次スケッチからデザイン案を3~5案程度に絞り込み、より具体的なスケッチを描いていきます。

商品コンセプトに対して、適切なデザインか、機能性はどうかなど、開発チーム内でディスカッションを重ねて下さい。

この時期におおよそのデザインは固まってきます。十分に時間をかけて吟味する必要があります。

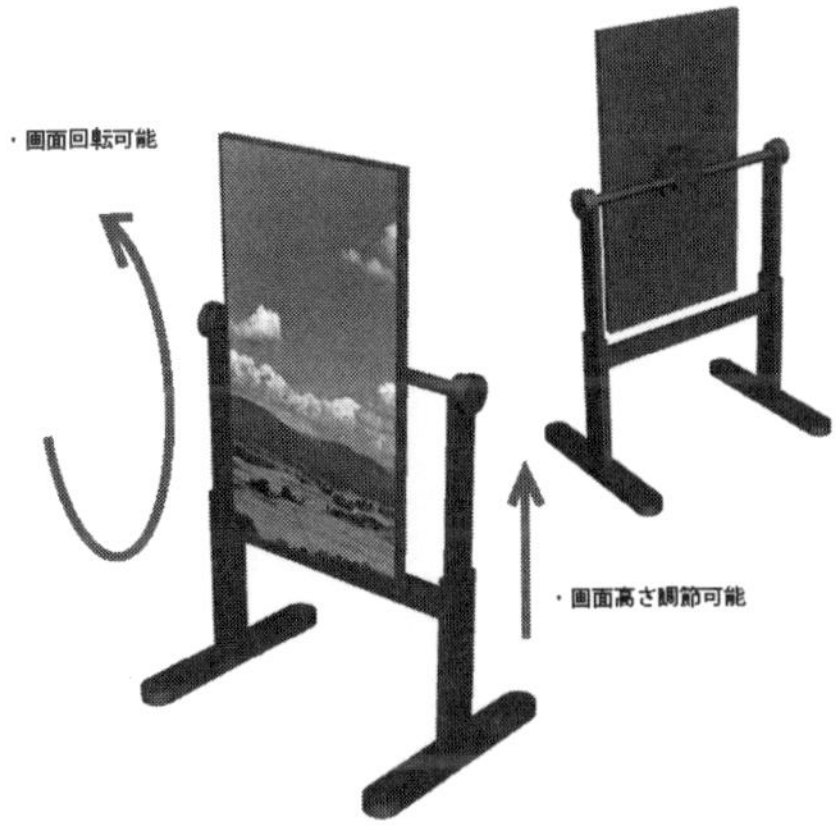


【2次スケッチ例（デジタルサイネージ）】

## ④ レンダリング

レンダリングとは「完成予想図」のことです。最終案の1~2案を描きます。なお、これは開発チーム内でデザインを確認するためのものではなく、チーム外の人=経営者やユーザーに見てもらうためのものです。

最近は3次元のCGがほとんどになっています。製品とほとんど変わらない画像ができますし、画面上で360度回転して見ることもできます。

社内でプロジェクトの最終承認を取るためにもレンダリングは必要です。レンダリングは経営者へのプレゼンテーション資料にも使われます。

## ⑤最終モックアップ

最終モックアップはデザイン開発の最後の段階です。

最近はコスト削減のためにCG画像で済ませることも多くなってきましたが、やはり最終製品同様に作ったモックアップは見る側の印象が全く違います。

またこの最終モックアップを使ってユーザーテストも良く行われます。守秘義務を条件にターゲットとなるユーザーに見てもらい、率直な意見をもらいます。これはCGではなかなか行えな

【レンダリング例（マイボトル）】

いものです。

レンダリングと最終モックアップが出来たら、経営者へのプレゼンテーションを行います。

## ⑥プレゼンテーション

プレゼンテーションはプロジェクトの決定権を持つ経営陣への大事な説明の機会です。ここで製品化にGOサインが出るかどうかが決まります。これまでの開発チームの成果を問う機会です。

レンダリングと最終モックアップ、説明資料でプレゼンテーションを行います。その他、1次スケッチ、2次スケッチもプレゼンテーション資料の中に必ず入れた方が良いです。どういった経緯でこの提案がなされているのかの**「開発過程」も経営者は知りたい**からです。

プレゼンテーションは通常はプロジェクトリーダーが行います。プロジェクトの舵取りを行ってきたので当然なのですが、時には開発チームの若手に任せることも良いと思います。プロジェ

【最終モックアップ】
（カーデザイン試作モデル例）

クトに対する責任感も出ますし、次のプロジェクトリーダーを育てることにもつながります。

プレゼンテーションで無事製品化にGOサインが出れば、設計を経て製造へと向かいます。

## ❷手書きスケッチを描こう　※1次スケッチ補足

**早読み▼手書きスケッチは情報を素早く伝える手段。上手くなくても大丈夫。どんどん描こう。**


1次スケッチに限らず、商品開発のあらゆる段階で、「手書きスケッチ」を描くことをお勧めします。手書きスケッチは素早くアイデアを表現する最良の手段です。

スケッチを描くのはデザイナーだけに限りません。設計者や企画者、営業担当まで全員が描いた方が良いです。「自分は絵が下手だから」という方がいますが、スケッチの目的は絵を上手く描くことではありません。相手に伝わればそれでOKです。

## スケッチを描くのは「情報を素早く共有する」ため

例えば次のような商品を考えてみます。「インターネットでリアルタイムに動画を配信し、シニア向けにトレーニングを行うサービスを、65インチの大画面で提供する。」

さて、これのイメージは一瞬で掴めるでしょうか？　おそらく受け取る人によってイメージはバラバラだと思います。つまり文字情報だけでは、情報の共有ができない、またはとても時間が掛かるのです。

ではイラストのようなスケッチを提示してみます。これなら一瞬で分かります。つまりスケッチの方が情報共有の速度が圧倒的に早いのです。スケッチを有効に活用することで、開発のスピードアップや、情報の共有ミスによる開発の後戻りを防ぐことができるのです。

多少下手な方が「味が出る」と考えて下さい。開発メンバーは、ぜひ積極的にスケッチを描いてみて下さい。

【アイデアスケッチ例】

## ❸1次試作は低コストで

※1次モックアップ補足

**早読み▼1次試作の製作の目的は、大きさや使い勝手を実感することです。画面では分からない改良点や不具合を見つけることができます。**

最近は3DCADの技術も進み、画面上で大方の設計やデザインができるようになりました。レンダリング（完成予想図）も本物と区別がつかないくらいに進歩していますし、試作品の必要性は年々低下してきています。「試作レス」と言って、試作を作らずに製品まで辿り着く開発手法も現れています。

ただし、3DCAD技術がいくら進歩しても、私は試作は必ず必要だと思っています。それも開発の初期ほど重要です。試作を繰り返すことで、最終製品のクオリティは必ず上がってきます。

試作には当然コストも時間も掛かりますから、お勧めしたいのは「低コスト」でできる方法です。

３ＤＣＡＤは確かに便利ですが、小さい画面の中だけで見ていると、実際の製品の不具合や使いにくさを見落としてしまいます。簡単なペーパーモックアップを作成すれば、改良点が多く見つかり、最終的に高い評価を得る商品に仕上がります。

ユーザーが見るものではなく社内で検証する試作は、見栄えが多少悪くても問題ありません。紙でも段ボールでも廃材でも何でもいいのです。現物サイズの試作を繰り返すことで、最終製品の不具合は確実に少なくなります。デザインのクオリティも確実に上がります。「試作は低コストで」が基本です。

## ❹ デザインを多数決で決めない ※2次スケッチ補足

**早読み▼デザインはプロジェクトリーダーが責任をもって決めよう。多数決は誰も責任を持てない決め方でお勧めできません。**

デザインを決める際に「誰が決めるか」というのは大きな問題です。2次スケッチでは、デザインの方向性がおおよそ決まってしまうため、誰がそれを決めるかは大事です。

良くないのはデザインを多数決の投票で決めることです。一見民主的な決め方に見えますが、この方式では**「誰も責任を取らなくて良い」**ことになりがちです。投票の参加者には商品や市場をよく理解していない人も含まれるので、声の大きな人の意見に引きずられてしまう場合もあります。

また経営陣の「鶴の一声」で決まる場合もありますが、これも注意が必要です。もちろん経営陣が商品や市場をよく理解し「目利き」である場合は何も問題がありません。ただし「好き嫌い」で決めてしまうような場合はデザインの選択ミスが起こりやすくなります。

## プロジェクトリーダーが決めよう

最終デザインは基本的にはプロジェクトリーダーが決めれば良いと思います。そのプロジェクトの内容を誰よりも一番理解しているからです。チーム内のディスカッションなどを整理しながら、最適なデザインをプロジェクトリーダーが責任をもって決めましょう。

## ❺ きれいすぎるレンダリングに注意　※レンダリング補足

**早読み▼ レンダリングはあくまでもきれいな「絵」。必ず試作で最終確認しよう。**

デザイナーはレンダリング（完成予想図）をなるべくきれいに描こうとします。職業柄当たり前の様ですが、これには注意が必要です。レンダリングは画面上の「絵」ですので、いくらでもきれいに描くことができます。あるいは光の加減や背景などでごまかすことも可能です。レンダリングは実際の製品よりもきれいに描けてしまうことが問題です。そうなると、実際に製品ができた時に「レンダリングと違う」ということになりがちです。

レンダリングだけで判断すると、実際の製品では機能性や安全性に問題が出る場合があります。レンダリングで見えない部分、例えば溶接の部分であったり、ビスやヒンジであったり細かい部分が気になる場合もあります。こういった問題を回避するためにはどうすれば良いのでしょうか？

## レンダリングと試作両方で確認する

**レンダリングの誤解を未然に防ぐには「試作」で確認することが重要です。**1次試作では大きさや機能性、安全性、最終試作では細かい部分の完成度を確認して下さい。レンダリングと試作に違いが無いかを確認することで、製品化の際のミスを未然に防ぐことができます。

# ❻ VR技術について

※最終モックアップ補足

**早読み▼VR技術の進化は驚くばかり。上手く活用しよう。逆にVRが苦手とする「感性」の部分はますます重要になってきます。**

VR（バーチャルリアリティ）技術は年々進化しており、プレイステーションのVRゴーグルを着けると、ここが現実の世界なのかバーチャルの世界なのか区別がつかないくらい精細な映像を見ることができます。

デザインの世界でも同様で、VRを利用した試作開発は自動車などを中心に急速に進んでいます。背景には設計段階での3Dデータ活用があります。3Dデータがあることで VR映像が比較的簡単に作成できるからです。

今後、試作品はますますVR化していくことは確実です。製品化まで一切現物を作らないことも普通になっていくでしょう。またVRで作成された3Dデータは3D仮想空間にも利用され現実と仮想との境界線が曖昧になっていくでしょう。

## 「感性」がますます重要になる

ただし、結局私たちの生活はリアルな「モノ」が無ければ成り立ちません。VRが進歩していくのと反比例するように、モノの「温かみ」「手触り」「やさしさ」「におい」など、人間の五感に訴える「感性」の部分が大事になってきます。

例えば、寝心地のいい枕、肌触りのいい下着、自分好みのアロマなど、自分の感性にフィットする商品は今でも人気です。商品開発においてはVR技術は最大限活用しながら、人間の感性にフィットする商品をいかに開発するか、が今後のテーマだと思います。

# ❼プレゼンは多くの人に参加してもらおう　※プレゼンテーション補足

**早読み▼プレゼンテーションには、なるべく多くの人に参加してもらおう。参加者をユーザーだと思って厳しい意見も素直に受け入れよう。**

プレゼンテーションは、できれば開発に関わりのない人も含めて多くの人に見てもらった方が良いです。企業によっては、管理職や経営者だけにプレゼンテーションする場合も見受けられますが、これはもったいないと思います。

プレゼンテーションの意味は、商品開発の方向性が間違っていないか、なるべく多数の人に見てもらって意見をもらう機会です。参加した人は**これから商品を買ってもらうユーザー**だと思って、厳しい意見も素直に受け入れ、改善すべき所はする必要があります。

また、参加者から好意的な評価が得られない時は、立ち止まってそのプロジェクト自体を見直す勇気も必要です。製品化してしまってから在庫の山を築くよりは損失がはるかに抑えられます。

# ❽ 外部デザイナーの役割

**早読み▼外部デザイナーの強みは、多くの実体験から得た情報量の多さ。自社のアドバイザーとして上手く使おう。**

商品開発にあたって外部のデザイナーを活用してみようと思う企業もあります。内部の開発部員だけではデザインができない場合や、外部の発想を取り入れたい場合です。

では、そもそもデザイナーはどこにいるのでしょうか?

ネットで探せばいくらでもデザイン事務所のホームページがありますが、どれを信用していいのか分かりません。基本的にはデザイナーは弁護士や税理士と同じく「信用」で成り立っている専門職です。弁護士を探す際にネットで探すことは不安だと思います。基本的には**人づての紹介か公的機関からの紹介**になると思います。

さて、プロジェクトにおける外部デザイナーの役割ですが、大きく3つ挙げられます。

**①純粋なデザイン業務**…商品デザインです。企業内にデザイナーがいるのであればコンペ形式で良い方のデザインを選ぶ方法もあります。

**②経験・業績をベースに事業に対するアドバイス**…外部のデザイナーは様々な企業と様々なプロジェクトに関わっています。私の所属するデザイン事務所でも、常に50程度の案件が進行しています。

多くのプロジェクトに関わっていると、成功する案件と失敗する案件の条件のようなものがわかってきます。この経験は企業の内部ではなかなか得られない貴重なものです。その体験をベースに企業がアドバイスをもらうことは事業の成功の大きな力になります。

**③ネットワークの活用**…外部デザイナーは多くのクライアントと業務を行っているため、豊富な人的ネットワークがあります。プロジェクトで困難にぶつかった際は、このネットワークを活かすことで解決できることが多いものです。

外部デザイナーを活用するかどうかは、その会社の規模や方針にもよります。自社で全てを完結したいと考える企業もあります。また、アドバイスのみ参加してもらう、つまりデザイナーというよりはコンサルタントとして参加してもらうケースもあります。外部デザイナーへの依頼はコストもかかりますから、自社の実情と照らし合わせて効果的に活用して下さい。

# ❾ 競争共栄の原則

**早読み▼ デザイン開発も競争が原則。複数人の案から選ぼう。デザイナー同士が競争しながら共栄していくことが大事です。**

「共存共栄」という言葉があります。みんなと協力して共に栄える、という意味ですが、**商品開発の現場では、私は「競争共栄」が大事**だと考えています。

商品企画や商品設計、商品デザインは、ライバル企業も同じ開発をしている場合が多く、市場で成功し生き残るためには、より良い商品を開発しなくてはなりません。市場において競争がある限り、やはり社内においても競争が必要です。

例えばデザイン開発の場合を考えてみましょう。企画や基本設計がほぼ固まって、デザイン作業に入るとします。その場合誰か1名のデザイナーに任せるのではなく、2名または3名のデザイナーのコンペ形式にした方が良いのです。1名のデザイナーに依頼した方が、時間もコストも節約できる、と考えるかもしれません。しかし、人間の特性として競争相手がある方がより良い結果が出るのです。100m走を一人で走ってもやる気が出ないのと同じです。デザイナーも競争があって初めていい結果が出るのです。

また、他人のデザインを見ることはデザイナーにとっても非常にいい刺激になります。性別・年齢・経験・デザイナーの性格によっても、デザインは大きく変わります。不思議なことですが、優しい性格のデザイナーは優しいデザイン、気の強い性格のデザイナーからは激しいデザインが出てくるものです。

「競争共栄」は商品開発の原則です。競争しながらお互いを高めあい、結果として良い商品を作ることが必要です。

## ⑩開発資金について

**早読み▼デザイン開発は「投資」。助成金も上手く活用して先行投資の負担を抑えよう。**

デザイン開発、設計、試作品開発、展示会への出展、ウェブサイトの構築など、商品開発には当然ながら多額の資金が掛かります。しかも商品が売れて回収できるまで、それは企業にとっての先行投資になります。資金力に余裕のある企業は別として、多くの中小・中堅企業にとっては重い負担になってしまいます。

## 助成金の活用

現在、国や自治体から多くの助成金が出ています。「ものづくり補助金」など代表的なもののほかにも、県や市のレベルで数多く探すことができます。多くの助成金の場合、開発資金の最大2／3が補助されるので、先行投資の負担が大きく減ります。事務負担が増え、手間はかかりますが、助成金を上手く活用することで、開発費を抑えながら継続して商品開発を行っていくことができます。

もちろん助成金を使わずに自社資金で開発できるに越したことはありません。助成金は事務手続きや報告書作成などに相当の時間を割かれてしまうからです。助成金は、デザイン開発や機械購入、ＰＣソフト導入など「先行投資」が必要な際に活用するのが良いと思います。

事例紹介

# デザインで拓く、サイン・ディスプレイの未来

## 株式会社　ファースト

■企業紹介

名古屋市に本拠を置く、サイン・ディスプレイ用品メーカー。「デザインのいい街で暮らしたい。」を行動指針とし、商品ラインアップ中の11シリーズがグッドデザイン賞を受賞するなど、デザインを重視した高品質で洗練された製品を製造・販売・開発している。

■お話を伺った方の紹介

代表取締役社長　水本　貴士　様

株式会社ファーストはサイン・ディスプレイ用品を専門に開発するメーカーです。サイン・ディスプレイとは、広告看板、案内表示、POP広告など、街を歩いていて良く目にする広告看板や、私たちを誘導してくれる案内看板などのことです。

1968年に創業以来、同社はオリジナリティの高い商品開発を続けており、現在ではサイン・ディスプレイ業界のリーディングカンパニーとして高い評価を得ています。

ここで同社の代表的な商品をご紹介したいと思います。グッドデザイン賞を受賞した、**サインスタンド・RXシリーズ**です。独特のカーブしたデザインが目に留まります。

RXシリーズは、工事現場にあるような従来の武骨な立て看板のイメージを一新し、おしゃれなカフェに置いても違和感のないデザインとなっています。広告面が大きくカーブしていることから、風などの抵抗を軽減できる機能性も備えています。

【サイン・ディスプレイ製品】

このサインスタンドのもう一つの大きな特徴は、**「組み立て・分解式」**であることです。イラストのように、脚部、広告部のフレーム及びジョイントパーツは全て分解できます。分解できることで、発送の際の梱包サイズが小さくなり、リサイクルが容易になるなどの利点があります。

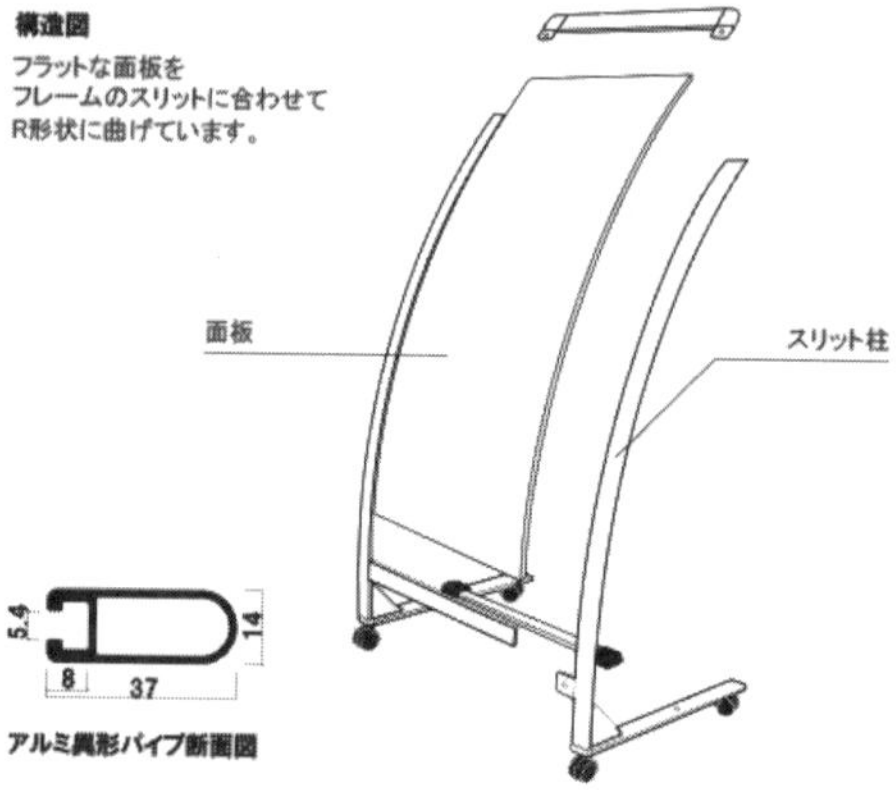


【RX シリーズ】

さらに大きなメリットは、広告部のサイズ（幅・長さ）が自由に設定できることです。フレームはアルミ押出し材のため、長さを変えれば様々な大きさのサインスタンドが製作できます。この「組み立て・分解式」のシステムが同社製品の大きな特徴となっています。

## 「4X工法」が業界の常識を変えた

ファーストでは、「機能」「サイズ」「素材」「デザイン」を自由に変えることができる同社独自の工法を**「4X工法」**と呼んでいます。製品の基本的なパーツを共通化することによって、様々なユーザーのニーズに素早く対応できるモノづくりの方式です。つまりは、サイン・ディスプレイの「システム化」ということです。

「システム化」はパソコンの例が分かりやすいと思います。パソコンは、CPUやメモリ、記憶装置などのパーツを自由に選んで作ることができます。これによってユーザーの要望に応じた製品が提供できます。この「システム化」方式をサイン・ディスプレイで実現したのが「4X工法」です。

同社がこのシステムを導入したのが2003年頃のこと。それまで溶接等による一品製作が当たり前だった業界では実に画期的なことでした。

## 短納期・多品種少量生産を実現

「4X工法」では、汎用性の高い共通部品を中心にあらかじめ部材をストックしておくことで、完成在庫を持つことなく短納期で多品種少量生産を実現しています。

従来は、サイン・ディスプレイ業界では受注生産が当たり前でした。お客様の要望を聞き、仕様を決め、図面を書いてから製作するため、長い納期が掛かっていました。お店の開店にサインスタンドが間に合わない、という事態もありました。

そこに登場したのが同社の新システムです。「4X工法」による短納期・多品種少量生産というシステムは、業界にとって実に画期的なシステムであり、ユーザーの支持を得て広く受け入れられることになりました。

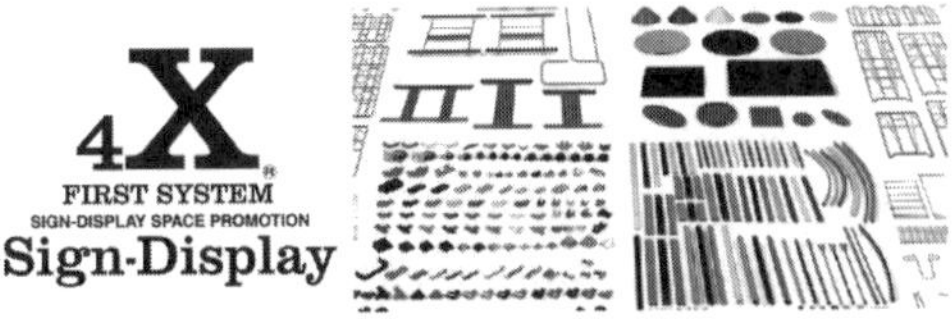

【4X工法のパーツ（上）と製品群】

## 業界に先駆けてデジタルサイネージに進出

今や街中でよく見かける**デジタルサイネージ**。駅や店舗などに設置してある液晶モニター式のデジタル看板です。このデジタルサイネージに関しても同社は業界に先駆けて早くから手掛けています。

参入したのは２００６年頃。まだブラウン管が現役だったころであり、実際に同社ではブラウン管を使ったデジタルサイネージも試作していました。

その頃はまだ液晶モニター自体が高価であり、なかなか一般に普及する価格帯ではありませんでした。街中にもほとんどデジタルサイネージが無かった時代です。それでも同社はデジタルサイネージの将来性に大きな可能性を見出していました。いずれは液晶モニターが普及し価格も安くなると見て、積極的に商品開発を進めていました。

デジタルサイネージを開発する際に大きなアドバンテージとなったのが、同社の「４Ｘ工法」です。パーツをストックして組み立てる方式は、サイズの異なる液晶モニターをセットすることが非常に容易にできたからです。

【デジタルサイネージ「Comabo」】

デジタルサイネージシリーズ「Comabo（コマボ）」は、現在同社のまさに看板商品となっており、売り上げのトップを占めるまでになっています。業界に先駆けて参入したからこそ、ここまで成長できたといえます。

今後は、本体だけでなく映像部分も含めたデジタルサイネージ・システムを提供していきたいとのことで、ワンストップでデジタルサイネージのサービスを提供できる体制を構築し、お客様の要望にできる限り応えていきたいとのことでした。

## ユーザーの声を集めるシステム

同社の製品の多くは、直接店舗へ納品することもありますが、多くは全国各地の提携するサイン・ディスプレイのパートナーを通して販売されています。ファーストの製品を各地のパートナーに納品すると、そのパートナーが得意先のユーザーの要望を聞いて、広告面を印刷するなどして納品するシステムです。

全国各地の提携するパートナーからの注文は、電話やメール等で受けるのですが、この際のパートナーとのやり取りが、非常に重要だそうです。パートナーからの要望や意見、時にはクレームなどのやり取りの中から、製品の改善点や新商品のアイデアが見つかることが多いそうです。

そういった要望や意見、クレーム等は、社員全員が即座に共有できるシステムが社内で組んであり、既に10年以上に渡って運用されています。ユーザーの声を丹念に拾い上げる同社の姿勢が、新商品開発や信頼性の高い製品づくり、ユーザー満足度を高めることにつながっているのです。

## デザイン人材の育成について

同社の製品のデザインは、シンプルでありながら機能的であり、よく考えられたものになっています。建築家やインテリアデザイナーからの評価も高く、ショップの設計では最初からファーストの商品を図面に入れてくれることも多いそうです。

ここで、そのようなデザインを生み出す同社のデザイナー育成方針についてお聞きしました。やや驚いたのは、現在はデザイナーとしては人材を採用していないとのこと。過去にはデザイナーを採用したことはあったものの、定着しない状態が続いたとのことでした。

ファーストでは基本的に**「多能工」**の育成を目指しており、多くの職種を経験するうちにデザインを目指す人が出てくれば担当してもらう、という方針です。入社してからは約2～3年ごとに、開発、製造、営業などの各部門を経験してもらい、製造から企画、販売まで一連の業務をよく理解してもらうようにしています。

製品のデザインをする上でも、製造方法をよく理解し、電話対応などでユーザーの声をよく聞いている人材の方が、より良いデザインを提案できると言います。

また、2～3か月に1回は、**『ものづくり夢づくり大賞』**という社内コンペを行っています。社員全員が日頃の業務やユーザーの声から気付いたアイデアを発表し、その中から優秀作品が商品化されています。同社にとっては常日頃のユーザーとのコミュニケーションこそがアイデアの源泉となっています。

## 環境対応で業界に先駆ける

サイン・ディスプレイ業界においても、ＳＤＧｓに対応する環境問題への取り組みは重要になっています。

同社の製品は元々が分解できる仕様のため、廃棄の時は素材ごとに分別しリサイクルすることができます。そういった意味では既に業界に先駆けて環境対応を行ってきたといえます。

現在は、繊維をリサイクルしたサイン面板を商品化するなどしており、今後はリサイクルへのさらなる対応や廃棄材の再利用など、環境対応を積極的に進めていきたいとのことです。

## デザインのいい街で暮らしたい。

同社のサイン・ディスプレイはシンプルで機能性に優れており、今では街のいたる所で頻繁に目にすることができます。大型のショッピングモールにも多数導入されており、読者の皆さんも、知らないうちに同社のサイン・ディスプレイを見ているはずです。

「デザインのいい街で暮らしたい。」がファーストの行動指針です。今後も街の風景が良くなるような同社の新製品開発とデザインに期待したいと思います。

# STEP Ⅵ

# 試行錯誤が大事

商品開発は「試行錯誤」しながら進もう。時には引き返す勇気も必要。

商品開発やデザイン開発では困難や失敗は付き物です。商品が完成しなかった、途中で挫折した、完成したけれども売れなかった、など様々な過程で試行錯誤が発生します。
しかし、これはどのような企業においても発生するものであり、表に現れていないだけです。実際の事例を取り上げながら、試行錯誤をどうやって乗り越えるか、失敗を次にどう活かしていくかの方法について解説していきます。

## ❶試行錯誤は良いこと

**早読み▼商品開発に試行錯誤は付き物。壁を乗り越えて初めて良い商品ができます。**

商品開発の際に「試行錯誤」があるのは当たり前、と考えて下さい。私は、これまでデザイナーとして多くの商品開発に関わってきましたが、試行錯誤せずに上手くいった開発は、ほぼありませんでした。必ずどこかで壁にぶつかり、それを乗り越えることで良い商品が出来上がります。一方で、壁を乗り超えられない商品はプロジェクトの途中で消えていきました。

壁にぶつかっても乗り越える方法はあるものです。例えば偶然手助けしてくれる企業が現れたとか、社員が良いアイデアを出してくれたとか、たまたまＴＶで見かけた商品がヒントになった、など。真剣に案件に取り組んでいるほど、意外と解決策が見つかるものです。

商品開発に「壁」はあるものと覚悟し、試行錯誤を繰り返すことで、必ず良い商品が生まれると信じて頑張りましょう。

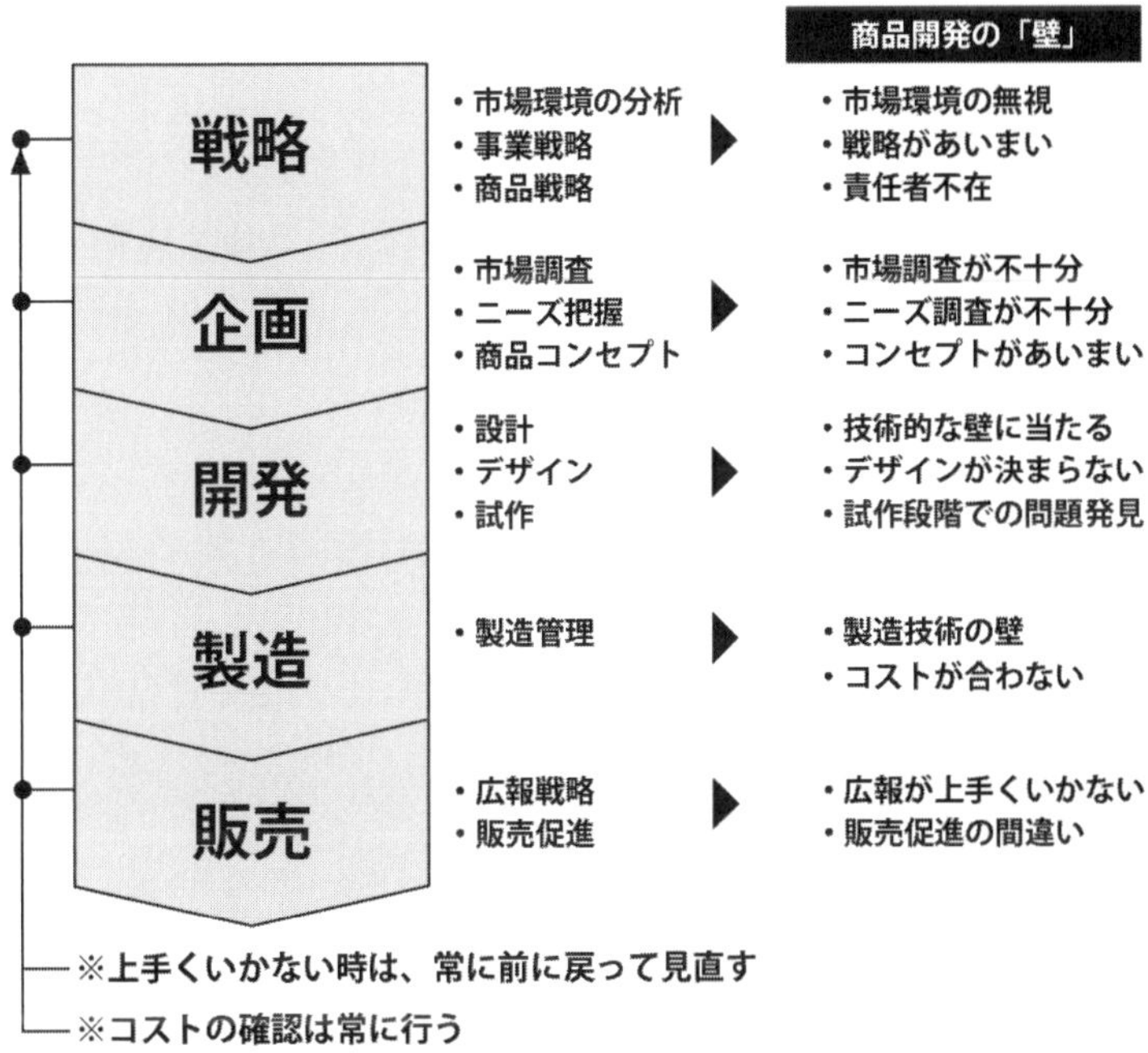


【商品開発の様々な「壁」】

## ❷ 試行錯誤で成功した事例

早読み▼ ある食器の開発では、最初は失敗かと思われたが、思わぬ所で成功に結び付きました。

これは、ある商品開発の試行錯誤の事例です。結果的には成功しましたが、途中までは失敗かと思われていました。

**「陶磁器でできた病院用の食器」**というプロジェクトがありました。

病院用の食器はプラスチック製やアルミ製がほとんどで、ただでさえ病気で落ち込んでいる患者さんが使うにはあまりにも味気ない食器です。実は病院がプラスチック製やアルミ製を使うのは落としても割れないからです。

そこでプロジェクトでは「割れにくい陶磁器」を使って、病院専用の使いやすい陶磁器製の食器を作ることになりました。色々な病院を調査し、現場も見て、使いやすい食器はどのようなものだろうと試行錯誤を重ねました。その結果、力の弱いお年寄りや子供でも使える、新しいデザインが完成しました。開発メンバーは良いものが出来たと自負していました。しかし、結局その食器は病院で使われることはありませんでした。

理由は、割れにくいといっても陶磁器ですから落とせば欠けてしまいます。破片が食事に混入したりすれば病院の責任になってしまう、ということで採用されませんでした。私たちの調査ではそこまで厳密に安全性が求められるとまでは気づかなかったのです。

そこで、開発メンバーは病院以外での用途を探すことになりました。展示会等に出展し、何かほかの用途が無いか模索する時期が続きました。

結果的には、その食器は違う分野で日の目を見て、ヒット商品となりました。家庭用の食器としてです。病院用の陶磁器として開発した食器の試作品を見たバイヤーが「これは誰でも使いやすい食器だ。」ということで一般用の食器として採用してくれたのです。

病気の人にどれだけ使いやすくできるかを追求した結果、一般の人も使いやすい食器になっていたのです。ユニバーサルデザインという言葉があります。誰でもが使いやすい商品をデザインすることを指していますが、このプロジェクトは、まさにそれを無意識のうちに実現できていたのです。

この事例のように、一見失敗見えるようなプロジェクトであっても、真剣にプロジェクトに取り組んでいれば、違う場所で日の目を見て、結果的に成功することがあります。決して偶然ではありません。商品開発の過程で一生懸命努力し試行錯誤した結果なのです。

## ❸ 時間を置く

**早読み▼「時間」が問題を解決してくれる場合があります。インキュベーション効果を利用して、壁を乗り越えよう。**

商品開発の過程では、解決できない問題にぶつかったり、設計上の難題があったり、デザインが上手くまとまらないなどの場面が出てきます。同じ問題に対して堂々めぐりとなり、時間ばかりが過ぎていく、という経験をした人も多いのではないでしょうか。

私の場合はそんな時は一旦その業務から離れることにしています。その時点で解決できない時は、結局いくら考えても解決できないからです。

## インキュベーション効果

よく発明家のエピソードで、「偶然、何々をしている時に発明を思いついた」という話を聞いたことがあると思います。考えても考えてもアイデアが浮かばないのに、全く関係ない場面でアイデアがひらめく。これは人間の脳の仕組みと関係しています。

**「インキュベーション（ふ化）効果」と呼ばれもので、課題から離れた時間を過ごすことで、無意識の連想が新しいアイデアを生むという仕組みなのです。**

このようなインキュベーション効果を活かすには、行き詰った時、思い切ってそのプロジェクトから離れて、全く違うことをすることをお勧めします。違うプロジェクトでも良いですし、事務作業でも買い物でもお風呂でも構いません。

アイデアというのは、実はゼロから生み出すものではなく既存のものの組み合わせであることがほとんどです。例えばスマートフォンはタッチパネルとアイコン（絵文字）の組み合わせです。（古いですが）ウォークマンはカセットとヘッドフォンをくっつけたものです。アンパンはパンにあんこを入れたものです。

### アイデアは思わぬ時にひらめくもの

思わぬ組み合わせのアイデアは「課題から離れた時」に生まれます。それは自分の過去の体験や情報を、脳が勝手に引き出して知らないうちに課題を解決しようと働いてくれているからです。もちろんその前提として課題に真剣に取り組んでいることは当然です。

プロジェクトで課題にぶつかったら、ぜひこの「時間を置く」という方法を試してみて下さい。きっと課題の解決法が見つかるはずです。

## ❹ 間違えたらスタートに戻ろう

**早読み▼ 開発途中で引き返す勇気も必要。技術的な困難は乗り越えられることが多い一方で、ユーザーの反応が悪い場合は要注意。**

一旦開発がスタートし、途中まで開発が進んでしまうとなかなか引き返す勇気が出ないものです。それまでに費やした時間やコスト、苦労を考えると、何とかこのままゴール=製品化まで進みたくなります。

これまでに多くの商品開発に参加してきた経験からすると、商品開発の途中で進めるかどうか「迷い」が出た時は、プロジェクトを進めるかどうかの「判断基準」が必要だと思っています。

## ① 技術的な困難に直面した時

技術的な困難で開発に迷いが出た時、これは解決できる可能性が高いと思います。自社の技術以外に活路を求めることも出来ますし、意外なアイデアで課題を解決できる場合もあります。新しい素材の発見など、偶然の産物であっさりと困難を乗り越えられることもあります。

これはあるランプの開発をした時の話です。そのランプは特殊な形状をしているため、LEDの光が十分に分散しない、という課題にぶつかりました。どう工夫しても解決できそうになかったのですが、ある試作会社がレンズの厚みを間違えて製作してしまった時、偶然にもきれいな照明効果が生まれ、あっさりと課題が解決してしまいました。

技術的な困難は、一見解決できなさそうに見えても、意外と克服できるものです。むしろ技術的な困難を乗り越えることで、その経験が企業の強みになるとも思います。

## ②市場の反応が悪い時

商品開発の途中で、試作品を内々にターゲットユーザーに見てもらったり、アンケート調査を行ったりして市場の反応をみることがあります。その際にユーザーの反応が悪い場合は一旦立ち止まって、本当に進めていいのかを再検討した方が良いと思います。

開発メンバーの中で商品開発を進めていると、だんだんその商品に愛着が生まれてきます。「なんとかこの商品を世に出したい」という思いが強くなるのです。そうなると「あばたもえくぼ」という言葉の通り、開発内部からは欠点が見えづらくなっていきます。

### 悪い評価は、はっきり出やすい

新しい商品というのはユーザーに「なじみ」がないので、すごく良い評価というのはなかなか出づらいものです。後にヒット商品となるものでも、試作品のユーザー調査では、実はそれほど「すごく良い評価」というのは出ません。

しかし、ユーザーからおもしろいとかかわいいなどの**「好意的」な意見**が出た場合は、その商品プロジェクトは、そのまま進めていいと思います。なじみの無い商品で好意的な評価が出るということは、かなりヒットの確率が高くなります。

外部の目はその商品について冷静に見ることができます。商品に魅力がなければ、割とはっきりと悪い評価が出ます。単純に悪い評価が出たものは、やはり市場に出しても成功しないものが多いと実感しています。このような悪い評価が事前に出た場合は、一旦開発をストップし、スタート地点に戻る勇気も必要です。そのまま開発を続ければ多大な損失を出してしまう可能性があります。開発をストップしたり引き返したりすることは勇気もいり、決断も必要です。プロジェクトリーダーはその見極めが大事になります。

## ❺こだわりの良し悪し

**早読み▼商品開発に「こだわり」は必要だが、こだわり過ぎるとユーザーが見えなくなる危険もあります。**

商品開発に「こだわり」は絶対に必要です。競合他社との違いを出そうと思えば、この商品のこの部分は絶対に譲れない、ここだけは他社の技術では真似できない、という部分が必要です。

事例で紹介している、エンジニア社のプライヤー「ネジザウルス」は、潰れたネジも外せる、というこだわりを徹底しています。現在では「ネジレスQ」というサービスを立ち上げて、全国から潰れたネジの救援依頼を受け付けて、即座に対応できるサービスまで立ち上げています。潰れたネジ＝ネジザウルスというイメージをますます強化しています。

同じく事例のＨａｃｏａ社の木工雑貨では、木加工にこだわり、「他社では真似のできない薄さ」まで木を加工できる技術を強みとしています。技術力を高めることで、他社の参入を阻止し、市場では木加工＝Ｈａｃｏａ社のイメージが既に出来ています。

その他、バイクのハーレーダビットソンは独特の「ドッドッドッドッ」というエンジン音にこだわることで、熱狂的なファンを獲得しています。ディズニーランドは、園内の全ての演出にこだわることで、ファンを惹きつけています。

「こだわり」があることで、市場でのその企業の認知度を高め、ファンを獲得することができます。

## 「こだわり」の良し悪し

ただし、こだわりにも良し悪しがあります。特に**市場ニーズと関係のない「好き嫌い」や「趣味」に関するこだわりは注意**が必要です。

とある照明器具を開発したことがあります。その照明メーカーは街灯の照明を得意としており、いままでの一般的な街灯とは別に特徴のある製品を開発したい、との依頼でした。

そこで、デザイン案としてスタイリッシュなデザイン案をいくつか提案したのですが、全て却下されてしまいました。その企業の経営者曰く「自分はエミール・ガレのランプが好き。そのイメージでデザインしてほしい」とのことでした。エミール・ガレのランプは花や植物など模様の入った装飾的なものです。

結局依頼内容に沿ったデザイン案は提案しましたが、未だに製品化されていないので、結局お蔵入りになったものと思われます。モダンな街並みに装飾的なデザインは似合いそうもありません。こだわるのは良いのですが、結局は市場のニーズとそのこだわりがマッチしていなければ、商品化されない、または商品化されても売れない商品になってしまいます。

**その「こだわり」は本当にニーズがあるのか、**高いコストを掛けてまでこだわる部分なのかをたとえ開発途中であっても冷静に判断する必要があります。そして、もし間違っていると判断したら、こだわりを捨てる勇気も必要です。

事例紹介

株式会社 エンジニア

# MPDP×ネジレスQから生まれるヒット商品

■お話を伺った方の紹介
代表取締役 高崎 充弘 様

■企業紹介

エンジニアブランドのプライヤー・ペンチを主力とした工具メーカー。（本社・大阪市東成区）潰れたネジの頭をつかんで回せるプライヤー「ネジザウルス」が代表的な商品。MPDP理論を用いた商品開発で、次々と新しいヒット商品を開発している。

まずは株式会社エンジニアの代表的な商品「ネジザウルスＧＴ」をご紹介したいと思います。２００２年の発売以来、７００万本を超える大ヒット商品となっており、読者の中には既にお持ちの方もいらっしゃるかと思います。

ネジザウルスの特徴は独特の先端形状にあり、潰れたネジや錆びたネジを簡単に外すことができます。グリップも掴みやすいようにエルゴノミックデザインが施され、デザイン性にも優れており、グッドデザイン賞やドイツのｉＦデザイン賞も受賞しています。

さて、同社の商品は「ＭＰＤＰ理論」という独自の商品開発理論に基づいて開発されています。どのような企業であれ、ヒット商品開発は永遠のテーマです。次々とヒット商品を開発している同社のＭＰＤＰ理論とはどのようなものなのでしょうか。

ＭＰＤＰのＭはマーケティング（潜在ニーズ）、Ｐはパ

【PZ-77 ネジザウルス GTV】

【動画リンク】

テント（知財戦略）、Dはデザイン、Pはプロモーション（広報活動）の頭文字です。高崎社長によれば、**「この4つのうちどれか1つが欠けてもヒット商品は生まれない」**と断言します。

## M：マーケティング

マーケティングにおいて重要なことは、消費者の「潜在的なニーズ」を探り当てることです。

潜在的なニーズとは、消費者自身も気付いていないニーズのこと。ネジザウルスでは、アンケートはがきの下位の回答の中から「（頭の低い）トラスネジを外したい」という要望にヒントを得て、潜在的なニーズを発掘し商品化することに成功しました。

また、2020年からスタートした「ネジレス

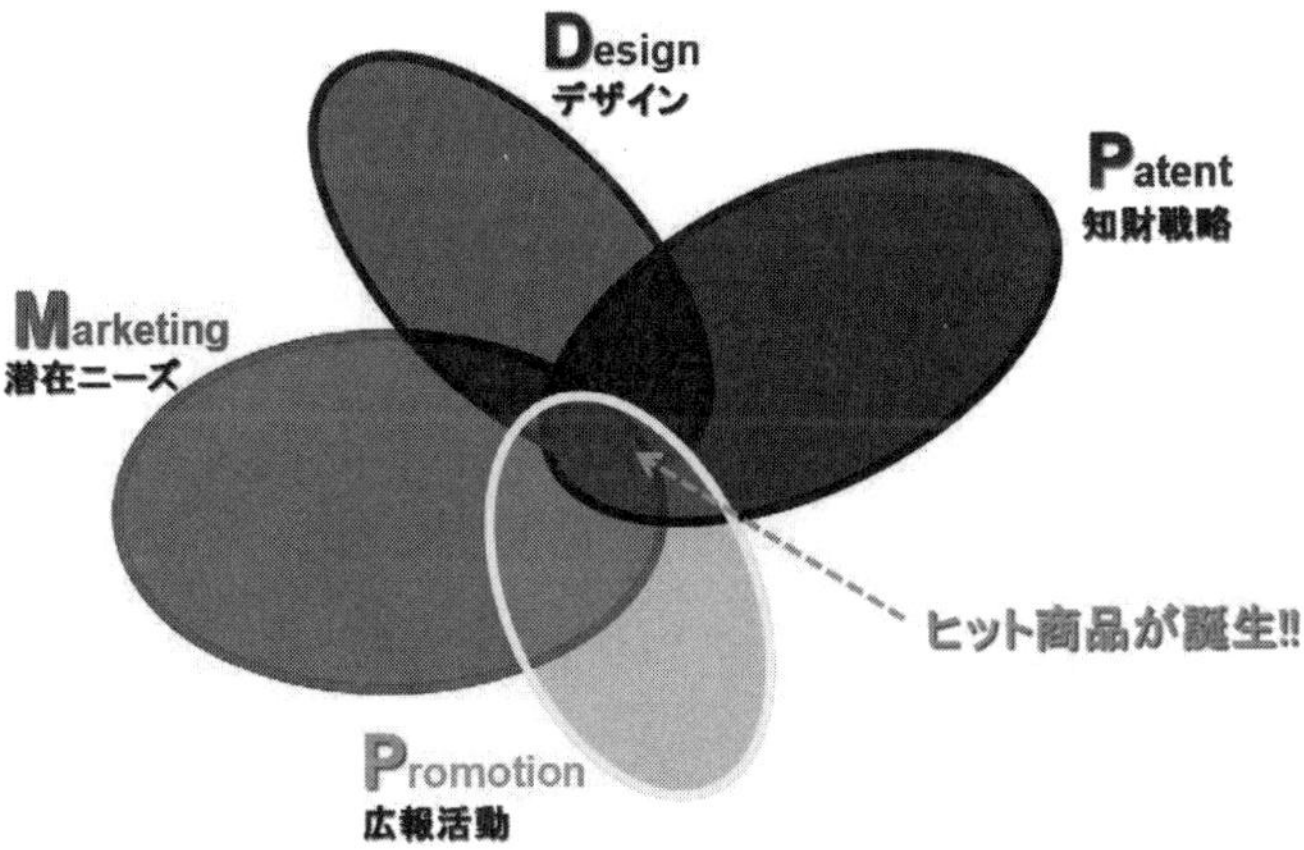


【MPDP理論の考え方】

Q」というサービス（後述）も、結果としてマーケティングに大いに役立っているとのことです。

## P：パテント

特許等のパテントは、自社の商品を他社から守る「砦」です。同社では費用対効果も考えながら、ビジネスとして一番効果的な戦略を考えながらパテントを取得しています。

また、社員の多くは「知的財産管理技能士」3級または2級を取得しています。この資格を取ることで、基礎的な知財の知識を持って弁理士と議論することができるため、より短時間で適切に専門家のアドバイスを受けることが可能になります。

ネジザウルスに関しては改良特許を追加で取得することで、基本特許の期限が切れた後も類似品の参入を防ぐことができているとのことです。

## D：デザイン

同社製品のデザインは社内で行っています。ネジザウルスの特徴的なグリップのデザインは、「ガンダミック・デザインだね」と言われることもあるそうです。基本的には、同社の全ての機種はデザインテイストを統一しており、一目でエンジニア社の製品と分かるようにデザインが施されています。

商品のデザインだけではなく、パッケージ、ウェブサイト、売り場、展示会などあらゆる場所でデザインが積極的に活用されており、トータルで「エンジニアらしさ」を演出する工夫がなされています。

## P：プロモーション

店頭のディスプレイや展示会はもちろんですが、特にウェブサイトからの発信には力を入れています。製品紹介ページには、同社で製作した動画のリンクを貼り、ユーザーに分かりやすく製品の特長を解説しています。

その他、オリジナルキャラクターや、マンガ冊子を制作するなど、あらゆるプロモーション手法を用いてPRに取り組んでいます。

ＭＰＤＰ、この4つの手法をバランス良く組み合わせることで、エンジニア社のヒット商品は生まれます。マーケティングだけ、パテントだけ、デザインだけ、プロモーションだけ、と1つの手法だけに頼ると上手くいかない。ＭＰＤＰ理論は商品開発の鉄則だと思います。

## 「ネジレスQ」で世界中のネジトラブルを解決する

「世界中のネジトラブルを解決する」がエンジニア社のミッションです。

2020年からスタートした同社のネジトラブル解決サービス「ネジレスQ」は、ネジが外せなくなった、などの困りごとを解決するために生まれました。ウェブサイトから問い合わせると、無料で解決方法のアドバイスをしてくれます。現物を送ったり持ち込んだりすることもできます。

ウェブサイトの解決事例「出動記録」を見てみると、バイクや車、ゲーム機にパソコンなどあらゆる種類のネジトラブルが掲載されています。無料のサービスに、同社がここまで力を入れるのは、なにか理由があるのでしょうか。

この「ネジレスQ」は当初はプロモーションのために始めたそうです。ネジトラブルで困ったユーザーに、解決に役立つ自社の

【ネジレスQ・紹介動画】

【動画リンク】

商品を使ってもらうためです。

しかし解決事例を積み重ねていくうちに、「このサービスはマーケティングにも使える！」ということに気付きました。全国のあらゆる「ネジトラブル」を解決していく中で、今まで気づかなかったユーザーのニーズや、思いもしなかったレアなネジトラブルを知ることができるからです。

現在では、ネジトラブルの情報を蓄積していく中から、ユーザーのニーズを探り、優先順位をつけながら新商品開発を行っている、とのことでした。

「ネジレスQ」はユーザーにとっては「ネジトラブルの駆け込み寺」のような大変便利なサービスです。工具メーカーで、ここまで踏み込んでユーザーサービスを行っているのは世界中を見ても珍しいと思います。また、あらゆるネジトラブルに対処できるのは、様々な種類の工具・用具を取り揃えている同社ならではです。

なお、このサービスは社員のモチベーションアップにも一役買っているとのこと。トラブルを解決したユーザーから「ありがとう」と感謝されるのが非常にうれしいそうです。

## ネジタル・トランスフォーメーション 合体工具

デジタル・トランスフォーメーションならぬ、同社のネジタル・トランスフォーメーションとは？ 答えは「合体工具」です。

合体工具とは、同社の製品の中の、

①GTドライヴ（パワーグリップ）
②貫通エクステンション（延長工具）
③ユニバーサルジョイント（継手）
④ネジキャッチ（強力マグネット）
⑤ネジザウルスバズーカ・モグラ（各種ビット）

を自由に組み合わせて合体できる工具のことで

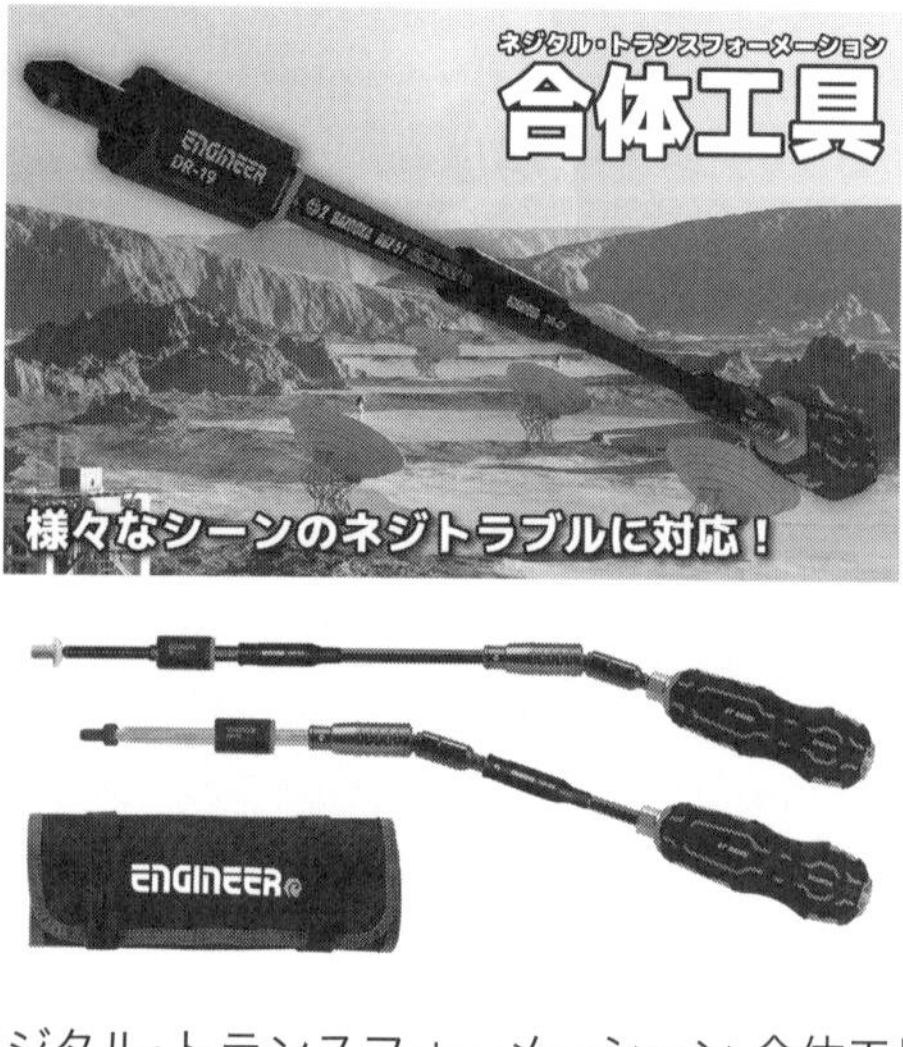


【動画リンク】

【ネジタル・トランスフォーメーション 合体工具】

す。奥まった場所にあるネジや、狭い場所にあるネジが、合体工具同士の組み合わせ次第で楽に外せるようになります。またネジキャッチを使えば、奥まった場所に落してしまったネジも簡単に拾うことができます。

## ネジザウルスが著名商標として認定

2022年、同社のヒット商品「ネジザウルス」が著名商標に認定されました。

著名商標とは、「非常に広く知れわたっているため、非類似の商品や役務について使用される場合でも、その象徴する信用ないし顧客吸引力を利用されまたは害されるおそれのある商標をいう。（※1）」とあり、ネジザウルスの知名度が非常に高いことの証明となります。また同時に防護標章にも登録され、「ネジザウルス」という名前は著名商標として一層保護されることになりました。

**※1　出典：ブリタニカ国際大百科事典 小項目事典**

ここまでMPDPを活用した同社の新製品開発と活動をご紹介しました。

製品紹介の動画は非常に力が入っており一見の価値があります。QRコードでリンクがありますので、工具好きの方はぜひ一度ご覧になって下さい。ネジレスQから生まれる今後の同社の新製品が楽しみです。

STEP

# Ⅶ

# アフターフォロー

商品の発売は「終わり」ではなく「始まり」。ブラッシュアップを続けよう。

商品開発は商品が出れば終わりではありません。市場での反応を見ながら商品をブラッシュアップすることが必要です。またバリエーションの拡充も必要です。

また、営業や販売促進にもデザインが重要な役割を果たします。ユーザーは商品についての情報を、ウェブサイトやカタログ、メディアなど様々な方法で知ります。その際に商品の魅力が良く伝わるデザインが必要です。

アフターフォローとしてデザインが必要な内容について、事例を示しながら解説していきます。

## ❶ブラッシュアップが大事

**早読み▼ 商品が発売されたら継続してブラッシュアップを続けよう。ユーザーに飽きられないようにすることが大事です。**

商品は完成して発売されたら開発チームの仕事は終わり、ではありません。発売後も継続して商品改良（ブラッシュアップ）を続けていく必要があります。商品を発売するとユーザーから色々な意見が出てきます。クレームもあるかもしれませんが、その多くはブラッシュアップに参考になるものが多いのです。

ある手提げバックを開発したことがありました。画期的な折り畳み方法で強度もあり、バックの容量も十分で発売と同時にヒット商品となりました。それでも開発陣はヒットに浮かれることなくユーザーの声を聞きながらブラッシュアップを続けました。

翌年には折り畳み方法を改良したタイプ、小型タイプ、カラーバリエーションの拡充、人気キャラクターとのコラボ商品などを次々に開発。継続的な開発のおかげで、ユーザーから飽きられることなく、発売から5年以上たった今でも人気商品として続いています。

商品には寿命があります。人気商品もいつかは市場から消えていきます。自動車が4～5年ごとにモデルチェンジするのも、消費者に飽きられないようにするためです。しかし、商品をブラッシュアップし続けることによって、商品の寿命は大きく伸ばすことができます。特に大企業と違って資金力に限りのある中堅・中小企業はな

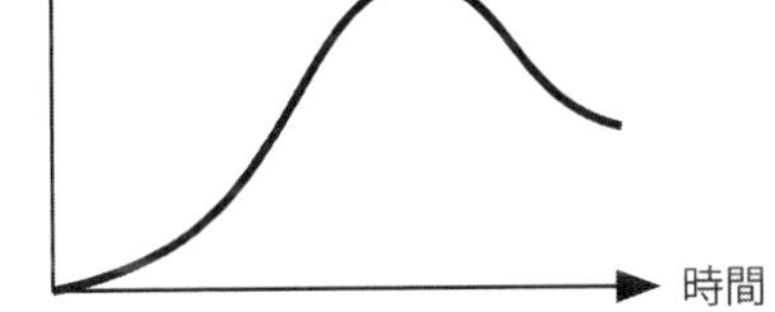


【商品には寿命がある】

るべく長く製品寿命を保ちたいはずです。

企業の展示会でも、毎年同じ商品を展示するのと、ブラッシュアップした商品を展示するのでは来場者の見る目も変わってきます。商品の発売はゴールではなくスタートです。絶えず改良することでユーザーの長い支持を得られます。

## ❷営業資料はデザイナーが作ろう

**早読み▼カタログやウェブサイトはもちろん、営業資料もデザインが大事です。得意先の見る目が変わってきます。**

多くの企業は、カタログやウェブサイトは専門のデザイナーに依頼して作っていると思います。デザイナーならではの見栄えや見やすさはなかなか一般の社員では真似できないからです。

一方で営業に使うプレゼン資料や営業資料はどうでしょうか？設計者や営業マン任せになっていないでしょうか。

## 営業資料こそデザインが必要

私は、**プレゼン資料や営業資料こそデザイナーが作った方が良い**と考えています。デザインは「お客様」との接点です。お客様は御社の製品のみを見ているわけではなく、営業マンの態度や服装、営業資料まで全て見ています。営業マンは服装などには当然気を付けるでしょうが、営業資料が「デザインされていない」とどうでしょうか。いくら製品がしっかりとデザインされていても、営業資料がおざなりでは「デザインに力を入れている企業」という印象にはなりません。

デザインはお客様との接点全てに関わってくるものです。ある家庭用機器のメーカーでは、社内で使う資料も全てデザイナーが作る、またはデザイナーがチェックする体制にしています。デザインの意識を全社に浸透させるためです。

規模の大きくない会社では、デザインにコストを大きく掛けられないかもしれません。しかし、営業資料であれ、デザインのチェックをデザイナーにしてもらうだけでも、社員の意識は変わってきます。企業のブランド価値を上げていくには、デザインの活用が大事です。少しからでも良いので、あらゆる場面でデザイナーの手を入れるようにしてみて下さい。

## ❸ コピー商品を防ぐには

**早読み▼ まずはパテントで保護。他にも他社の参入を防ぐ「壁」は色々あります。**

苦労して商品を開発し、上手くヒット商品になったとしても、コピー商品が出てくれば大打撃を受けてしまいます。ルイ・ヴィトンなどのトップブランドでもコピー商品対策には頭を悩ませています。コピー商品を防ぐにはどうしたらいいのでしょうか。

### まずはパテントで押さえる

これまで多くの企業のコピー商品対策を見てきましたが、一番効果的なのはやはり特許などのパテントで権利を押さえることです。コピーする方も、多額の賠償金の恐れがある場合はコピーをしません。実際パテントを取っている商品は、大ヒット商品としてメディアに紹介されてもコピー商品はほとんど出てきません。公的な権利は強力です。

一方で商品として特許等をとるまでの独自性のない商品も多数あります。そうした場合はどうすればいいのでしょうか？

## 真似のできない「壁」を作る

コピー商品を防ぐには、商品の中に他社が真似のできない「壁」を作るのが一番だと考えます。特許もその一つなのですが、その他にも方法があります。「壁」とは何か？と言うと、これは企業によって様々で、例えば「独自技術」は大きな壁です。

ある板金を得意とする会社では、職人の手によって2枚の板金を溶接し、曲面をきれいにつなぐ技術を持っています。実際に見てもどこに接合部があるのか分からないほどです。職人が長年の修練によって実現できる技術であり、他では真似することができません。この企業の場合は、この溶接技術が他社の参入を防ぐ「壁」になっています。

またある企業では、樹脂の金型投資を積極的に行い他社が参入できないように工夫をしています。樹脂製品を大量生産するには高価な金型が必要です。３Dプリンターも普及してきていますが、まだまだコストが合いません。高価な金型に先行投資で多額の費用をかけることで、「壁」を作って同業他社の参入を防ぎ、競争を優位に進めています。

また営業力も大きな「壁」の一つです。ある試作会社では、社員40名のうちの10名が営業マンです。試作会社の場合、本来ならほとんどが製作の人員で、営業マンは経営者のみという場合が多いと思います。その会社では多くの営業マンが日々得意先をまわることで、客先の細かな要望を拾い上げ、途切れることなく受注を獲得できています。営業力は大きな「壁」になります。

このように「壁」の作り方は様々ですが、この壁は意識して作っていく必要があります。経営者が率先して手掛ける商品戦略の重要な部分です。

# ❹ウェブで知りたいこと

**早読み▼ユーザーが知りたいのは商品の情報だけではありません。その会社の「背景」も知りたいのです。**

商品を開発して発売したら、自社のウェブサイトや楽天などのショッピングサイトで商品のPRをすると思います。多くの企業はウェブサイトの見栄えに気を使ったり、商品の特徴や売りの部分を積極的にPRしたりしています。それは絶対に必要なことなのですが、特に自社サイトを作るのであれば、ぜひ**自社の「歴史」や「背景」の部分にスポットライトを当ててもらいたい**と思います。

## 「ファン」はその企業を深く知りたい

企業のウェブサイトを訪れるユーザーは、ある程度その企業に興味を持って、もっと詳しく知りたいと思っている人が多いはずです。商品の知識はある程度持っている「ファン」といっても良いかもしれません。
実は「ファン」であれば、その企業の歴史や背景をもっと深く知りたいのです。その企業がどういった経緯で創業し、今日まで発展し、どういった苦難を乗り越えて今日に至ったのかを知りたいのです。またどういったエピソードがあるのか？ 創業者はどんな人物で、どのようなきっかけで事業を始めたのか、など、歴史の長い企業であればあるほど、語るべきことはたくさんあるはずです。

「そんな一企業の歴史なんて、一般ユーザーは興味あるのか？」と思う方もいるかもしれません。しかし例えば車のファンを考えてみて下さい。ホンダの車が好きな人は、必ず創業者である本田宗一郎のエピソードに興味があるはずです。新車の開発途中に、本田宗一郎が怒って技術者に向かってスパナを投げつけた、などのエピソードは日本のみならず世界中のホンダファンが知っています。

**商品紹介ももちろん大事ですが、ユーザーはその企業の歴史や背景まで含めた「信頼」に対してお金を支払ってくれます。歴史や背景はその企業の大事な資産です。**
あるいは自社の社員の紹介でも良いです。どのような社員がどのようにその商品を作っているのかを知ることで、ユーザーはその商品に愛着を持ってくれます。

### 企業を語れば、クレームが減る不思議

ある企業では、ウェブページに自社の歴史や背景、社員の紹介ページを大幅に増やした所、商品は同じなのにクレームが大幅に減ったそうです。ファンになってくれることで、企業に親近感が増した結果らしいのです。企業に親近感を持つことで、ちょっとしたことは許せる気分になるのではないでしょうか。なんとも不思議な現象です。

## ❺展示会の役割

**早読み▼展示会はユーザーの意見を聞くチャンス。試作品を出展してユーザー調査を行おう。**

商品を開発して発売したら、多くの企業は展示会への出展を考えると思います。新商品を知ってもらうには一番良い機会ですし、バイヤーとの接点も生まれる可能性が高いからです。

さて、そのような展示化への出展も、回数を重ねるとだんだん「マンネリ」になってきて、毎回同じような展示内容になってしまう企業が見られます。出店費用も相当に掛かるわけですから、費用対効果が上がるように、次のような施策を行ってみることをお勧めします。

## 展示会には試作品を出展しよう

展示会はユーザーと接する最大のチャンスです。そこでユーザー調査を行わない手はありません。通常、展示品は、その企業の定番商品が多いはずです。それにプラスして、ぜひ新しい試作品を出展して下さい。

製品である必要はありません。今後、その企業が目指す方向性を示唆する試作品で良いのです。試作品を見たユーザーは必ず意見を言ってくれます。「ここをもっとこうしたら？」「この機能はいらないのでは？」「こんな製品が欲しかった」など、商品開発のヒントになる意見がたくさんもらえるはずです。展示会は日時が決まっているので、その日をターゲットとすれば試作品開発も進めやすいはずです。展示会から逆算して開発スケジュールを決めて下さい。

また試作品開発にはコストも掛かりますので、経営者のリーダーシップも大事になります。経営者が「この展示会には、この試作品を展示する」と決めて、予算を取っていただきたいと思います。展示会への試作品出展の継続は、将来的に必ずその企業にプラスになると思います。

# あとがき

「モノからコトへ」という言葉があります。消費者は、物質的な「モノ」の消費よりも、体験などの「コト」にお金を使うようになった、という意味です。

確かに日本などの先進国においては生活必需品が行き渡り、車などの買い替え需要はあっても、新たに商品を購入する必要は少なくなっています。環境問題もあり、モノを消費するよりも、モノを少なく生活するライフスタイルや不用品を処分する「断捨離」が流行りです。

今後、モノの世界では確実に「不要なモノ、無駄なモノ」は消費者から敬遠されていくでしょう。その一方で、自分のライフスタイルに合ったモノや考え方に共鳴できるモノは残っていくと思います。不用品をリサイクルしたカバンや、CO2削減に効果のある素材、ナチュラルな自然素材を使った商品、癒しをもたらすグッズなど、消費者の「感性」に響くものが求められています。

デザインの基本の考え方は、**「世の中を幸せにするモノ・コト全てに対して活動する」**ことにあります。今後いくらバーチャルの世界が進んでも、モノのない世界はあり得ません。モノやコトの区別なく「世の中を幸せにするモノ・コト」が残っていく、成長していくと思います。

※本書の考え方は著者独自の考え方に基づいており、(株)コボやデザイナーの考えを代表するものではありません。

## ■著者プロフィール

大口　二郎（おおくち　じろう）
・富山県氷見市生まれ　慶応義塾大学・経済学部卒
・本田技研工業（株）国内営業部を経て、京都デザイン専門学校卒
・現在（株）コボにてゼネラルマネージャー兼プロダクトデザイナー

■25歳でデザイナーを志し、デザイン事務所入社、プロダクトデザイナーとなる。大小様々な企業との500以上のデザインプロジェクトを経験し、デザイン主導で会社を成長させる方法を研究。学校・企業等のデザイン教育にも携わる。デザインした商品で、グッドデザイン賞受賞8回。

## ■出版歴

・2009：『経営者・管理職のためのデザイン戦略入門・稼ぐ「デザイン力！」』（アーク出版）
★app store / iPad有料総合ランキング1位獲得　★kindle store　総合ランキング2位獲得
★同書・中国語翻訳版、台湾語翻訳版　出版
・2013：『稼ぐデザイン力！2』（デザインエッグ社）

■本書についてお聞きになりたい事柄があれば、お気軽に下記までお問い合わせ下さい。
mail：okuchi@cobodesign.co.jp
HP：www.cobodesign.co.jp

デザイン経営への７ステップ

2023年5月17日　　第1刷発行

著　者――― 大口二郎
発　行――― 日本橋出版
〒103-0023　東京都中央区日本橋本町2-3-15
https://nihonbashi-pub.co.jp/
電話／03-6273-2638
発　売――― 星雲社（共同出版社・流通責任出版社）
〒112-0005　東京都文京区水道1-3-30
電話／03-3868-3275

ISBN 978-4-434-32000-2